融合视讯放心课系列教材

U0671378

QIANGSHI
NIUGU BULIEFA

强势牛股捕猎法

乔纳森 著

股票交易
畅销版

★ 牛股教程 ★

股票的技术理论是以价、量、时、空四大要素为主线

◆ 价格是市场中最重要、最基本、最关键、最核心的要素。

◆ 量能是价格变化的原动力和指挥官，量能的增减方向和价格的涨跌密切相关。

◆ 时间是个体操作的指南针，在正确的时间做到正确的交易，用时间抓住趋势交易的机会。

◆ 不同的价格波动空间，形成了价格起伏高低点的变化，任何图形组合都在空间高度中显现。

经济管理出版社
ECONOMY & MANAGEMENT PUBLISHING HOUSE

图书在版编目（CIP）数据

强势牛股捕猎法/乔纳森著. —北京：经济管理出版社，2020. 6
ISBN 978-7-5096-7188-7

Ⅰ. ①强…　Ⅱ. ①乔…　Ⅲ. ①股票投资—基本知识　Ⅳ. ①F830. 91

中国版本图书馆 CIP 数据核字（2020）第 098871 号

组稿编辑：杨国强
责任编辑：杨国强　张瑞军
责任印制：黄章平
责任校对：王淑卿

出版发行：经济管理出版社
　　　　　（北京市海淀区北蜂窝 8 号中雅大厦 A 座 11 层　100038）
网　　址：www. E-mp. com. cn
电　　话：（010）51915602
印　　刷：三河市延风印装有限公司
经　　销：新华书店
开　　本：720mm×1000mm/16
印　　张：8.75
字　　数：102 千字
版　　次：2020 年 8 月第 1 版　2020 年 8 月第 1 次印刷
书　　号：ISBN 978-7-5096-7188-7
定　　价：48.00 元

前　言

998.23~6124.04 点的辉煌已然过去，蒙眼赚钱的"黄金时代"已成历史；"草莽英雄"的时代已经结束，故事已经迈入一个新的时代，单纯的"理论派"与"技术派"都已经不能适应，未来将是实战操作者的天下。

证券市场开盘以来，惊涛骇浪中，人为刀俎，我为鱼肉，无数英雄折腰，于是"弄潮儿向涛头立，手把红旗旗不湿"便成为无数投资人的追求——以一套实用、简便、高胜率、有硬性数据要求的实战法则，在实战点确认，实现"低买高卖"的实盘操作，吃掉整条利润大鱼，战胜市场。

本书对主力资金盘整体布局进行了全面的论述，通过微观的数据要求具体阐述，在剥丝抽茧中，以窥见 K 线背后的市场真谛。视角新颖，实事求是，本书借助资金做盘原理，通过实盘变化洞察先机，从而为投资人诠释了安全投资、稳健增值的方法与途径；帮助投资者从盲目投机到胜券在握的华丽转身，本书是市场中不可多得的实战应用方法。

大道至简，大音希声。

一本好书可以静化灵魂。

一部好电影可以激发美好向往。

该书可以塑造你的投资思维，为你构建财富殿堂的捷径。

这是一部词典，时刻可以查找股价运行的实盘要点。

这是一部画册，多的是实战，少的是理论。

目 录

第一章　陷阱捕猎法

一、"陷阱"的概念

在笔者操作的股票中，特别关注主力在启动主升浪之前主力资金强烈洗盘的股票，也就是出现"陷阱"布局的股票。主力在建仓初期一直很隐蔽，采取小阴小阳的方式隐蔽建仓，这时若仔细观察也是阳多阴少，说明主力在隐蔽吃货。到了建仓的后期，由于股票的潜在机会即将出现，主力要加大吃货的力度，这时较大实体的放量阳线和涨停板不断出现。从 K 线形态看很容易察觉到有实力机构在运作，这只股票的均线系统往往是多头排列，各种技术指标也是向好的。有经验的散户很容易觉察到是有实力机构在运作，是很不愿意卖出股票的，这时主力为了达到"陷阱"的目的就故意装作凶相毕露，用连续不断的阴线砸盘，将短期技术指标都砸坏，制造出一种恐慌气氛。

从股票的 K 线图上看，好像是砸出一个市场认为的"洗盘坑"，但是"陷阱"与"洗盘坑"差异很大，首先要了解"洗盘坑"与"陷阱"技术形态的差异，"洗盘坑"是投资中的一个大概念，对具体的空间位置和时间没有准确的要求，"陷阱"是要求在阶段主升机会到来前，主力资金已经完成吸筹过程为了下一波主升启动刻意做的调整图形，"洗盘坑"的概念很大，往往

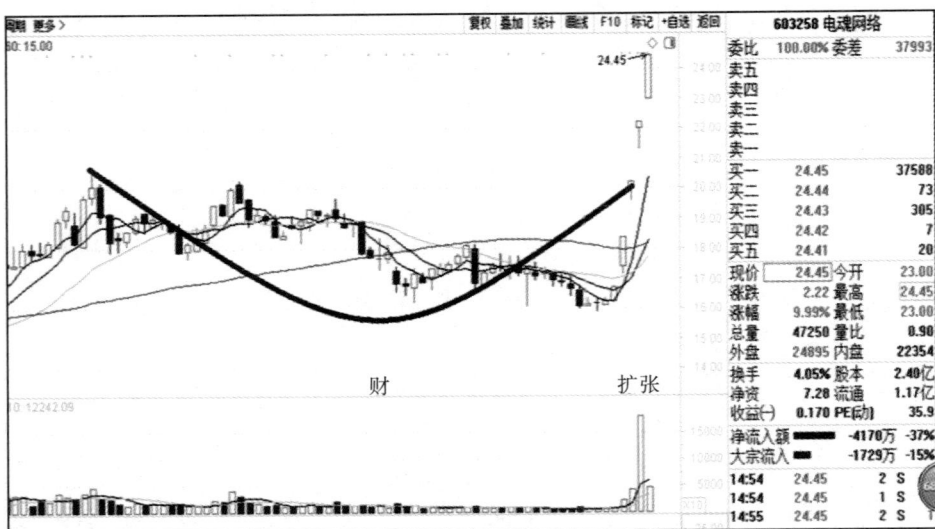

图 1-1　洗盘坑

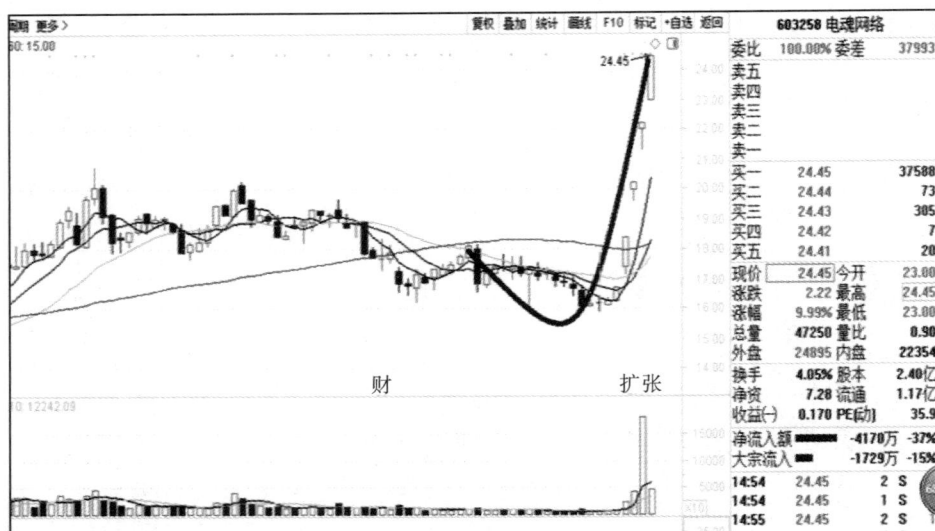

图 1-2　陷阱捕猎法

难找操作位置，而"陷阱"是准确寻找到操作机会的空间，一定要密切注意出现"陷阱"的股票，因为这里出现大黑马的概率太高了。当然，砸下来的过程一定不能出现"连续巨量阴线"，而是"连续缩量阴线"确保主力资金尚未出逃。

二、针对实盘的类型

（一）银宝山新（002786）底部"陷阱"经典案例

1. 企业档案

该公司占地面积逾 5 万平方米，作为广东省模协副会长企业及深圳机械行业协会副会长企业，产品涉及汽车、通信、医疗、家用电器等行业。作为国家高新技术企业和中国重点骨干模具企业，银宝山新服务的品牌主要有福特（FORD）、宝马（BMW）、雷诺（RENAULT）、奔驰（BENZ）等著名汽车生产商，华为、思科（Cisco）等全球领先的通信设备制造商以及 TCL、DEK、ABB、GE 等世界知名企业，现已发展成为集大型复杂精密模具设计开发到塑胶五金制品产出为一体的专业结构件制造公司。

2. 财务信息

财务指标	2019-09-30	2018-12-31	2017-12-31	2016-12-31
审计意见	未经审计	标准无保留意见	标准无保留意见	标准无保留意见
净利润（万元）	-14928.39	4166.29	6454.91	9904.33
净利润增长率（%）	-901.5240	-35.4555	-34.8274	30.1446

图 1-3　银宝山新服务信息

财务指标	2019-09-30	2018-12-31	2017-12-31	2016-12-31
审计意见	未经审计	标准无保留意见	标准无保留意见	标准无保留意见
营业总收入（万元）	206669.99	301001.82	290473.53	282177.09
营业总收入增长率（%）	-6.2907	3.6245	2.9402	17.4843
加权净资产收益率（%）	-14.0700	4.0000	6.0100	9.8800
资产负债比率（%）	75.8827	70.7048	69.8981	65.8169
净利润现金含量（%）	-70.2850	164.1352	-9.0418	89.6705
基本每股收益（元）	-0.3900	0.1100	0.1700	0.2600
每股收益-扣除（元）	-	0.0600	0.1000	0.2200
稀释每股收益（元）	-0.3900	0.1100	0.1700	0.2600
每股资本公积金（元）	0.4554	0.4554	0.4552	0.4552
每股未分配利润（元）	0.9684	1.3810	1.2925	1.1434
每股净资产（元）	2.5775	2.9864	2.8967	2.7454
每股经营现金流量（元）	0.2752	0.1794	-0.0153	0.2330
经营活动现金净流量增长率（%）	470.7(P)	1271.7(P)	-106.5716	16.2484

图 1-3 银宝山新服务信息（续）

3. K 线图形

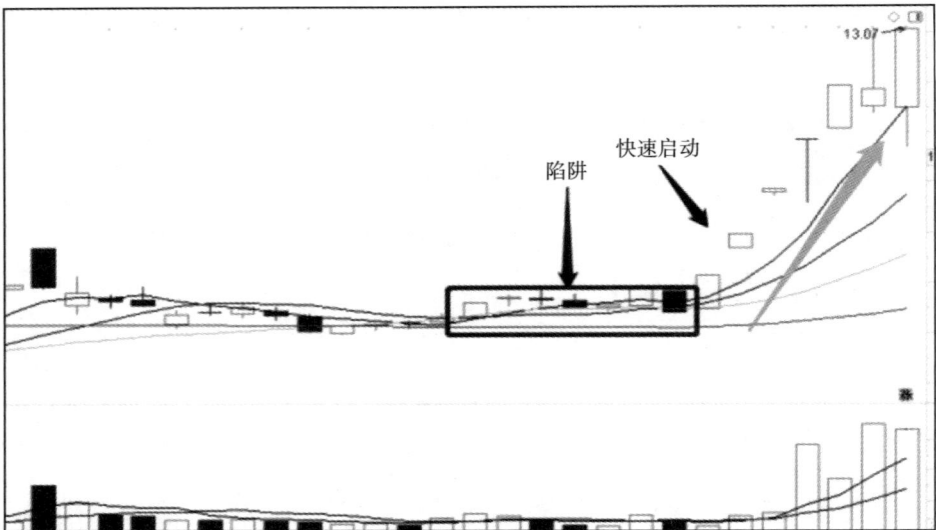

图 1-4 银宝山新 K 线

银宝山新主力在启动主升浪之前，走出"连续缩量阴线"和"陷阱"，从成交量及盘面情况看，主力并未出货，在下踩7.40元底部后突然拉出涨停板股价持续上升，投资者应该在8.5%涨幅左右果断挂单介入，该股以6个涨停板走势展开了一波快速拉涨行情8个交易日区间涨幅65.86%。

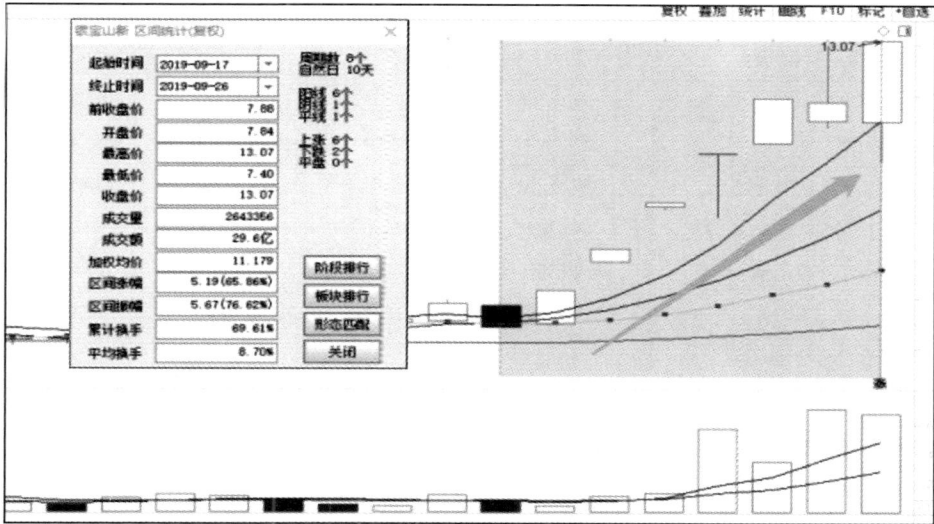

图1-5　银宝山新走势

（二）宝鼎科技（002552）底部"陷阱"经典案例

1. 企业档案

宝鼎科技股份有限公司是一家有省级技术研发中心，并配备可完成化学分析、力学、无损检测、金相、热处理和计量等理化实验室，配置了进口直读光谱仪、移动式光谱仪、氮氢氧分析仪、材料试验机、超声波、磁粉探伤仪、金相显微镜、三坐标检测仪等各类先进的检测仪器。公司通过自主研发和产学研合作，成功开发了多项高新技术产品，并有多项发明专利和实用新型专利且获得国家知识产权局授权。拥有先进的大型铸锻件生产设备 10 台套，主要从事各类大型铸锻件产品研发、生产和销售的高新技术企业，成立于 1989 年，是国内同行业中第一家在深交所上市的民营企业。

2. 财务信息

财务指标	2019-09-30	2018-12-31	2017-12-31	2016-12-31
审计意见	未经审计	标准无保留意见	标准无保留意见	标准无保留意见
净利润（万元）	5601.10	2869.07	−13505.86	−16684.33
净利润增长率（%）	122.3597	121.2（P）	19.1（L）	−3986.4265
营业总收入（万元）	25035.72	31084.71	23853.59	18020.04
营业总收入增长率（%）	14.4745	30.3146	32.3726	−44.3810
加权净资产收益率（%）	8.8300	4.7800	−21.0300	−23.0900
资产负债比率（%）	9.3439	22.1695	33.4951	37.8899
净利润现金含量（%）	7.5522	116.8569	−46.0164	−55.8522
基本每股收益（元）	0.1800	0.0900	−0.4500	−0.5600
每股收益-扣除（元）	−	0.0400	−0.8400	−0.5600
稀释每股收益（元）	0.1800	0.0900	−0.4500	−0.5600
每股资本公积金（元）	1.3347	1.3347	1.3347	1.1344
每股未分配利润（元）	−0.2572	−0.4401	−0.5338	−0.0947
每股净资产（元）	2.1634	1.9805	1.9363	2.3874
每股经营现金流量（元）	0.0138	0.1095	0.2030	0.3106
经营活动现金净流量增长率（%）	3.1643	−46.0539	−33.3062	152.5797

图 1-6　宝鼎科技财务信息

3．K线图形

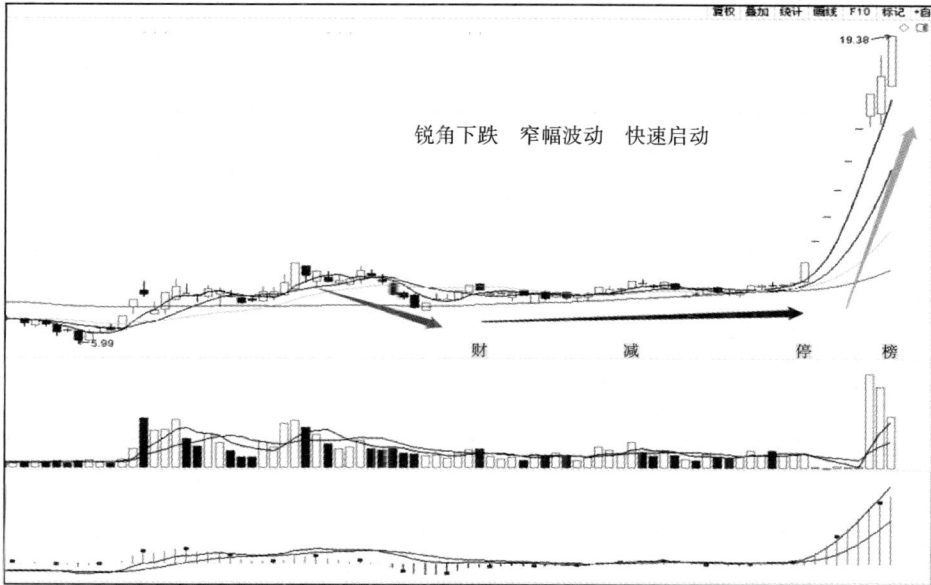

图1-7 宝鼎科技K线

宝鼎科技在阶段低点，走出锐角下跌价格窄幅波动，站稳短期均线出现明显"陷阱"位置，在第一根实体启动涨停阳线位置投资者有介入机会，确认启动后连续"一字板"快速上升，9个交易日达到124.05%的涨幅。

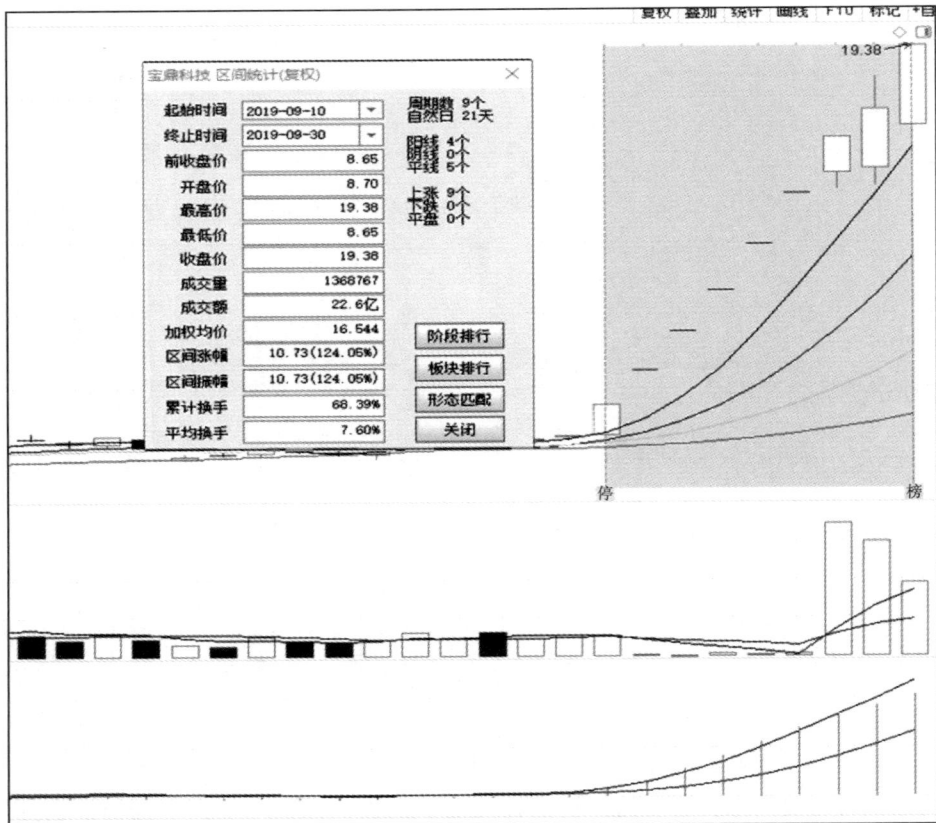

图1-8　宝鼎科技走势

（三）久远银海（002777）底部"陷阱"经典案例

1. 企业档案

久远银海是智慧民生和军民融合服务商，起源于中国工程物理研究院并由中物院国有控股，是中物院"军转民"支柱型企业。2015年在深交所上市，股票代码002777。具备CMMI5、ITSS、信息安全服务等行业资质，参与了20余项国家标准、行业标准及地方标准的制定。聚焦医疗医保、数字政务、智慧城市、军民融合四大战略方向，面向政府部门以及行业生态主体，以信息化、大数据应用和云服务，为民生国防赋能。市场覆盖全国 24 个省（自治区、直辖市）、100 余个城市，为 7 万家医院、药店和近 5 亿社会公众提供服务。

2. 财务信息

财务指标	2019-09-30	2018-12-31	2017-12-31	2016-12-31
审计意见	未经审计	标准无保留意见	标准无保留意见	标准无保留意见
净利润（万元）	8423.47	11869.68	9079.55	7726.63
净利润增长率（%）	41.6898	30.7298	17.5098	35.0274
营业总收入（万元）	49549.21	86413.88	69044.80	52743.31
营业总收入增长率（%）	17.5699	25.1562	30.9072	17.2548
加权净资产收益率（%）	8.1200	12.5100	18.8100	17.6200
资产负债比率（%）	40.3732	43.0467	55.4660	53.6716
净利润现金含量（%）	−146.4310	185.9660	153.1754	101.6657
基本每股收益（元）	0.3800	0.6900	0.5700	0.4800
每股收益-扣除（元）	−	0.5800	0.5400	0.8700
稀释每股收益（元）	0.3800	0.6900	0.5700	0.4800
每股资本公积金（元）	2.2007	3.1609	0.7628	2.5257
每股未分配利润（元）	1.2351	1.4325	1.1288	1.7195
每股净资产（元）	4.7282	5.9084	3.1751	5.1753
每股经营现金流量（元）	−0.5499	1.2793	0.8692	0.9819
经营活动现金净流量增长率（%）	−363.1(L)	58.7154	77.0470	−17.2339

图 1-9　久远银海财务信息

3．K 线图形

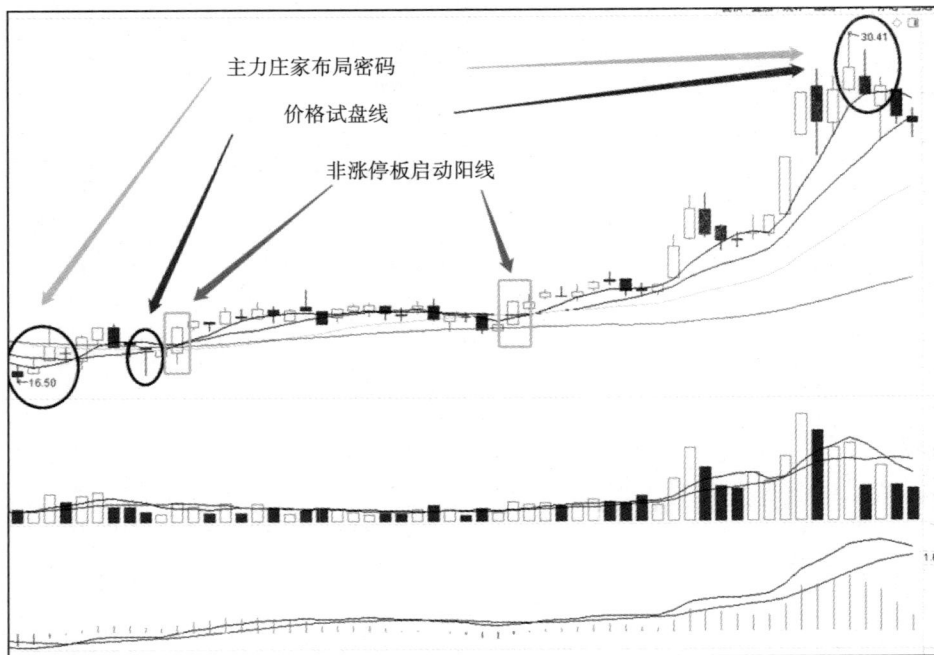

图 1–10　久远银海 K 线

　　久远银海在阶段低点位置，主力庄家小阴小阳线布局，明显盘中密码高低点价格买卖点，盘中价格试盘确认阶段启动和高位风险，投资者可以用非涨停阳线作为介入机会，典型的主力缓和型"陷阱"走势，22 个交易日达到 54.77% 涨幅。

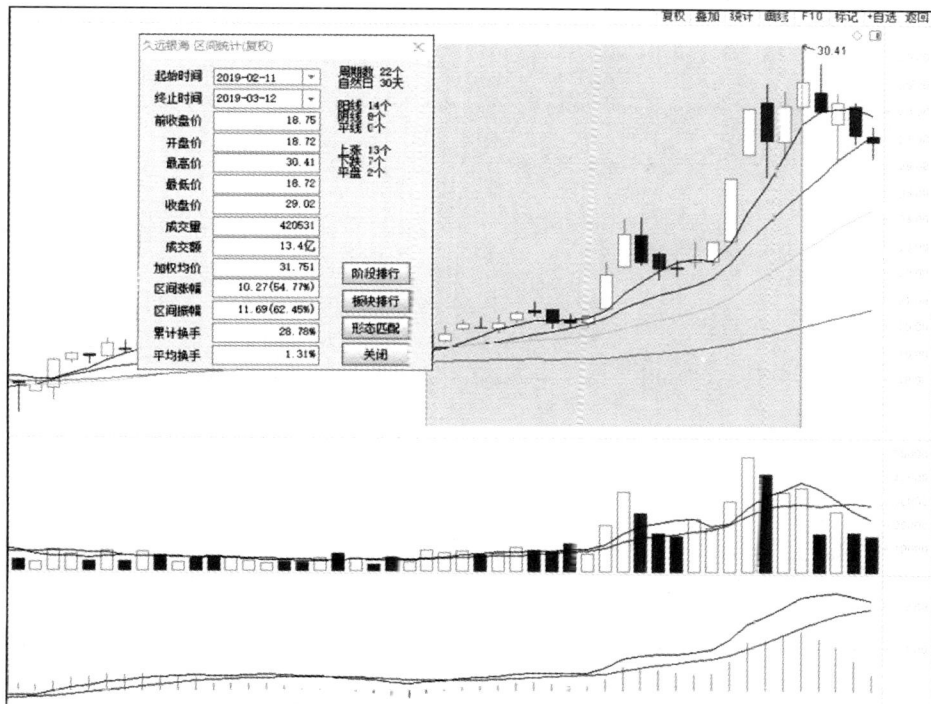

图 1-11 久远银海走势

三、市场的实战应用点

（1）上涨初期突然出现洗盘陷阱（锐角）。

（2）股价在陷阱底部缩量调整，窄幅波动（10%左右，不大于 15%）。

（3）陷阱底部调整时间越短越好。

（4）陷阱底右侧出现放量大阳或涨停板。

（5）股价以涨停板和大阳接力连续上攻。

（一）案例 1

银宝山新 （002786）

振幅 14.66%

涨

13.07

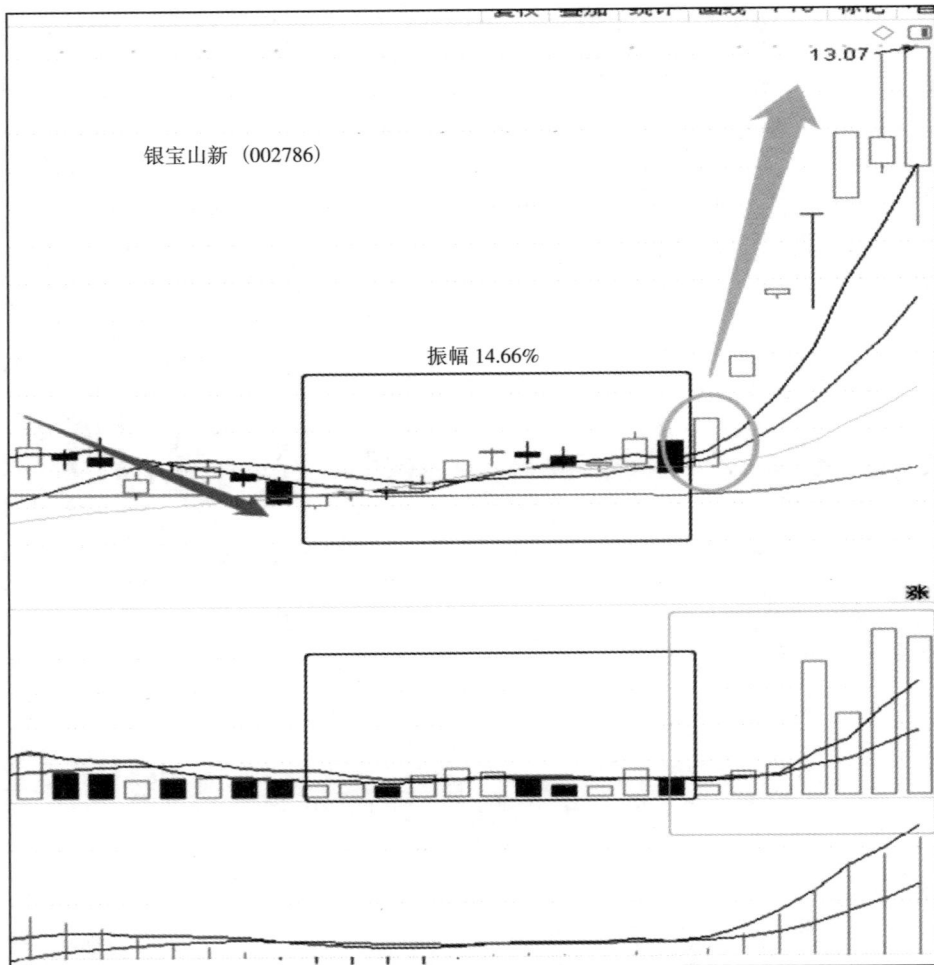

图 1-12　银宝山新

（二）案例 2

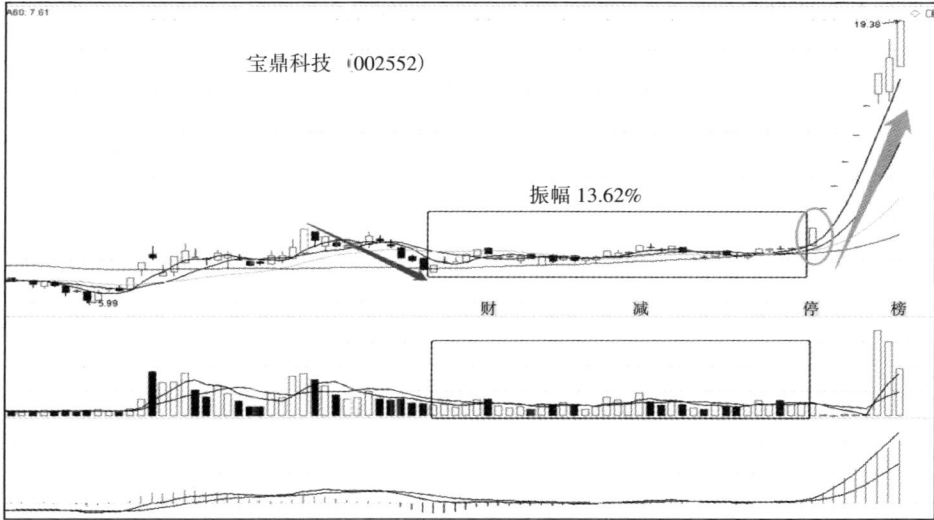

宝鼎科技 （002552）

振幅 13.62%

财　　　减　　　停　　　榜

图 1-13　宝鼎科技

（三）案例 3

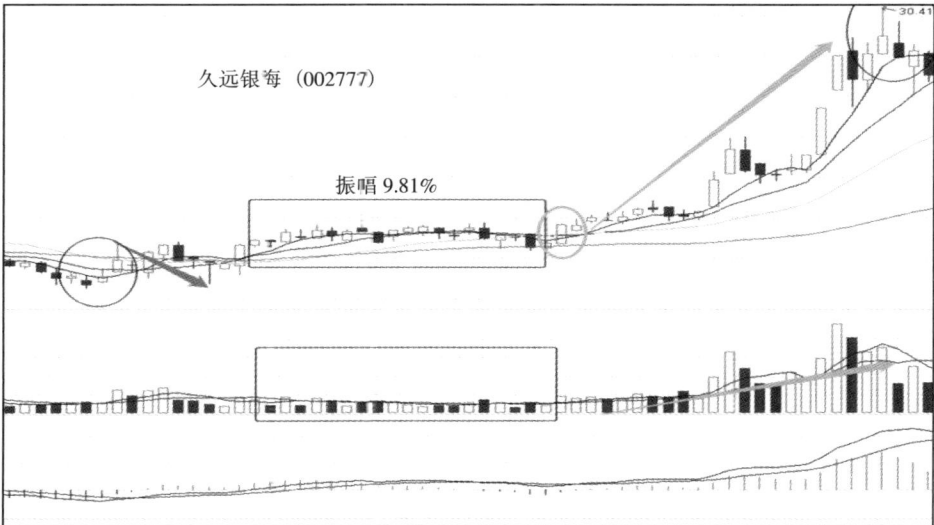

久远银每 （002777）

振喈 9.81%

图 1-14　久远银海

四、实盘中的多种类型

陷阱捕猎法——小幅锐角下跌类型如下。

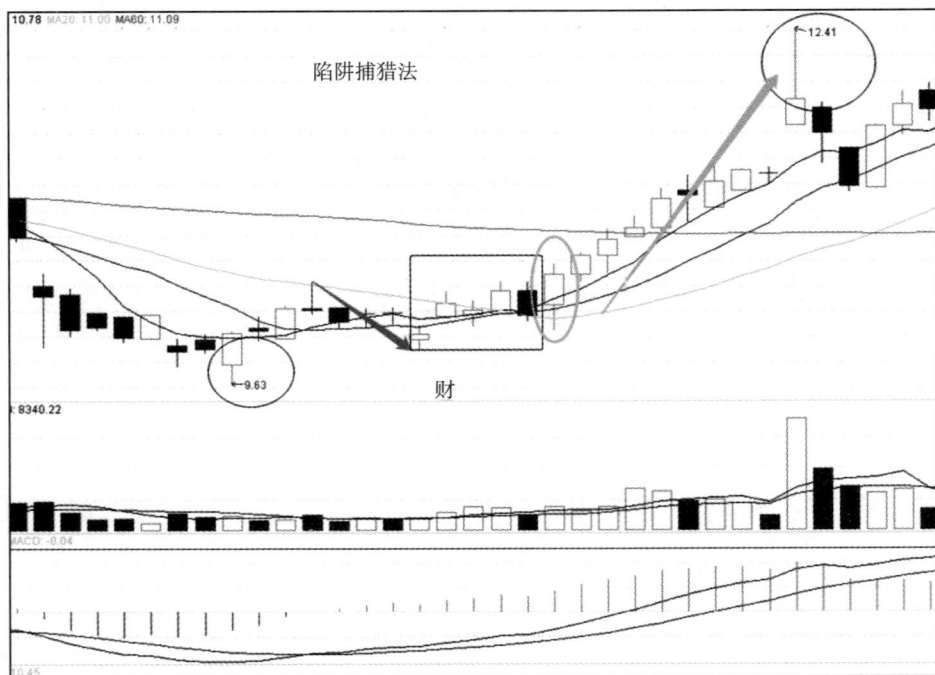

图 1-15　小幅锐角下跌

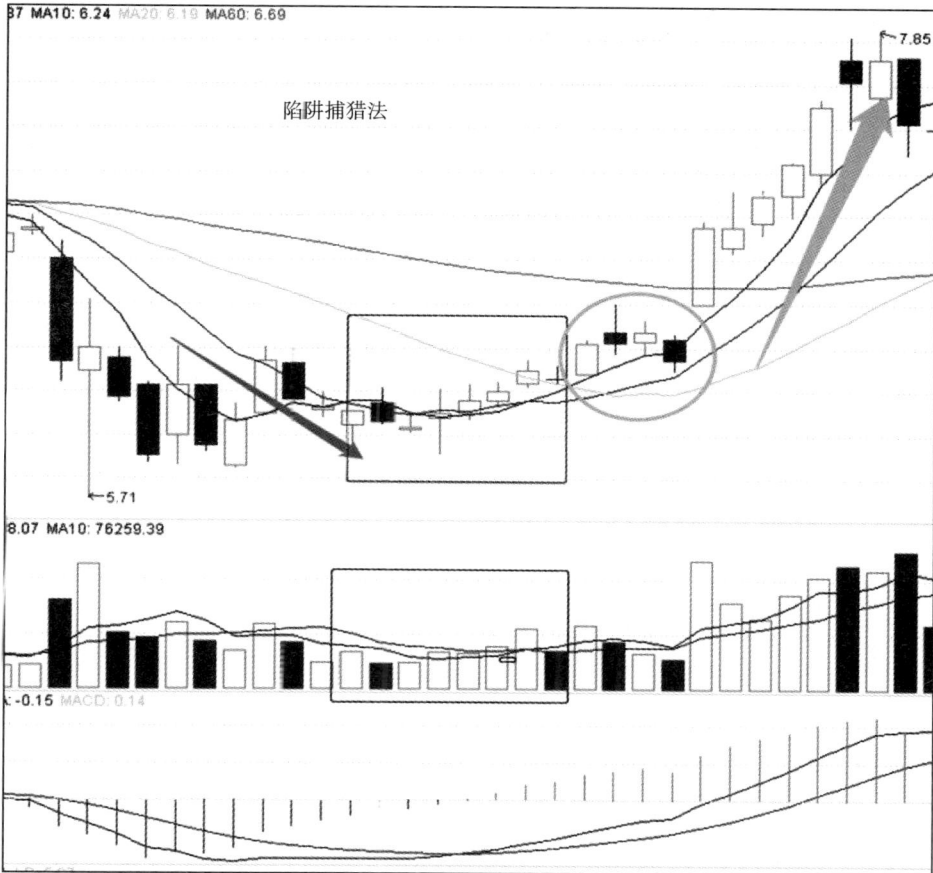

图 1-16 锐角图

关注主力在启动主升浪之前，强力洗盘的个股（锐角洗盘）。

在主力建仓初期都很隐蔽，采用小阴小阳的方式建仓（主力建仓幅度空间）。

进入陷阱形态，底部生命周期与启动点的绝对因素（重量决定启动）。

启动方式的确认与方法（有效支撑与承托）。

第二章 绳索捕猎法

一、"绳索"的概念

市场操作中最吸引投资者关注的 K 线就是涨停板了，笔者不但对 K 线图形结构有比较长时间的研究，而且对涨停板的股票也做过重点研究。可以说，涨停板是风险与机会的集中表现，主力资金盘启动大行情时出现的涨停板图形吸引人气，主力逢高出货也是先在停板挂巨单封涨停吸引人气，然后撤单出货！所以研究涨停板的操作与启动性质至关重要。

研究涨停板的性质，首先要了解价格所处的空间位置，主力是进货还是出货，如果是在价格低位长期震荡之后，突破价格禁锢多数是主力有效价格启动。如果是在高位震荡或连续突破高位价格之后的巨量涨停板，多数是吸引投资者目光为拉高出货准备！

如果在相对低位长期横盘的股票是资金盘默默布局，未来具备不断成长的潜力牛股具有投资价值。

绳索捕猎法是应用价格高点测量，专门跟踪低位长期横盘的股票，在大资金盘放量突破价格时及时跟进的一种操作，只要是股价突破绳索位置，确认绳环位置 K 线图形后，就可以找到资金盘启动下一波走势的投资点。

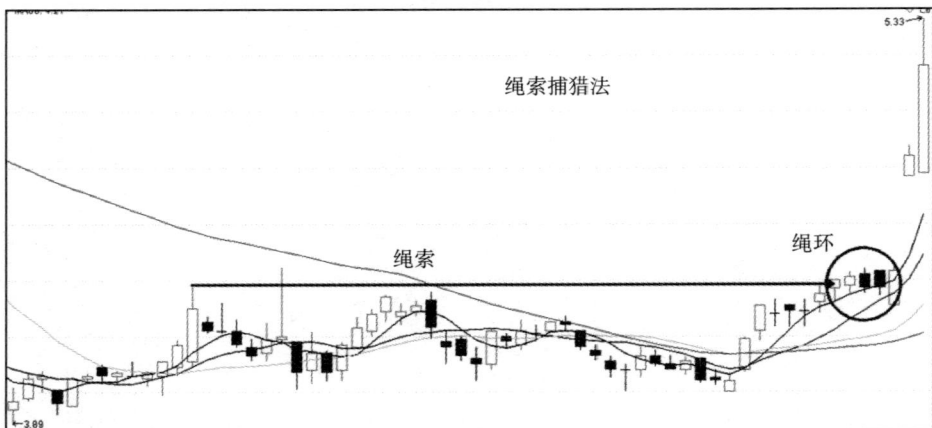

图 2-1　绳索捕猎法

二、针对实盘的类型

（一）四川金顶（600678）底部"绳索"经典案例

1. 企业档案

四川金顶现有资产总值 9.13 亿元，净资产 2.85 亿元。公司技术中心为省级技术中心，研制生产的 P.052.5R 水泥填补了西南地区空白，研制开发的 P.LH 低热硅酸盐水泥是 95 星火项目攻关成果。公司列入国家国债贴息贷款重点支持的 70 万吨技改项目，总投资 3.5 亿元，工程设计和技术方案具有 20 世纪 90 年代国际先进水平，是集节能、环保为一体的新型干法生产线。自 2002 年 12 月 26 日顺利投产后，公司的技术装备水平和生产规模已跃上了一个新台阶。为适应企业自身发展的需要，使公司成为西南地区最大的水泥生产基地，公司拟再建一条日产 5000 吨大坝中热水泥熟料生产线，作为新的利润增长点。公司主导产品普通水泥年生产能力 230 万吨，商品混凝土年生产能力 20 万立方米。公司主体厂峨眉水泥厂系 ISO9001：2000 国际质量体系认证企业，生产的"峨眉山牌"普通水泥产品涵盖 32.5~52.5 强度等级的各型水泥，属国家级免检产品，多次获部优产品、四川名牌、中国名牌等称号，广泛应用于水电大坝、高速公路、桥梁隧道、高层建筑、国防施工等领域，是紫坪铺水利工程、瀑布沟电站等众多重点工程及广大水泥客户的首选品牌，在市场上享有很高的声誉。

2．财务信息

财务指标	2019-09-30	2018-12-31	2017-12-31	2016-12-31
审计意见	未经审计	标准无保留意见	标准无保留意见	标准无保留意见
净利润（万元）	2891.37	3168.36	2894.08	-2824.68
净利润增长率（%）	-6.8405	9.4776	202.5（P）	-773.2201
营业总收入（万元）	23206.16	42402.53	18496.45	8887.67
营业总收入增长率（%）	-31.9938	129.2468	108.1136	68.5691
加权净资产收益率（%）	34.7900	72.1300	168.9800	-200.8600
资产负债比率（%）	80.0052	85.4233	93.3303	98.8959
净利润现金含量（%）	222.0555	72.7266	26.4462	-20.4824
基本每股收益（元）	0.0828	0.0900	0.0829	-0.0809
每股收益-扣除（元）	—	0.0800	0.0300	-0.0775
稀释每股收益（元）	0.0828	0.0900	0.0829	-0.0809

图 2-2　四川金顶财务信息

财务指标	2019-09-30	2018-12-31	2017-12-31	2016-12-31
审计意见	未经审计	标准无保留意见	标准无保留意见	标准无保留意见
每股资本公积金（元）	0.8750	0.8750	0.8750	0.8750
每股未分配利润（元）	−1.7072	−1.7900	−1.8808	−1.9638
每股净资产（元）	0.2972	0.1967	0.0805	0.0076
每股经营现金流量（元）	0.1840	0.0660	0.0219	0.0166
经营活动现金净流量增长率（%）	232.6(P)	201.0618	32.2888	122.6(P)

图 2-2　四川金顶财务信息（续）

3. K 线图形

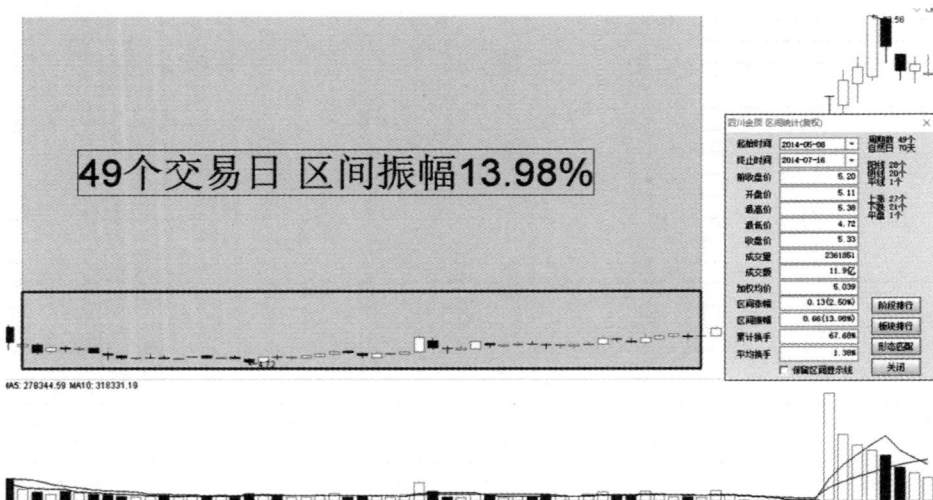

图 2-3　四川金顶 K 线

四川金顶在阶段低点长期震荡价格波动 49 个交易日，价格幅度区间 13.98%，时间与空间形成震荡箱体高度，没有过高的箱底震荡，可以确认资金盘并未对敲出逃换庄，确认启动点后 12 个交易日涨幅 135.65%。

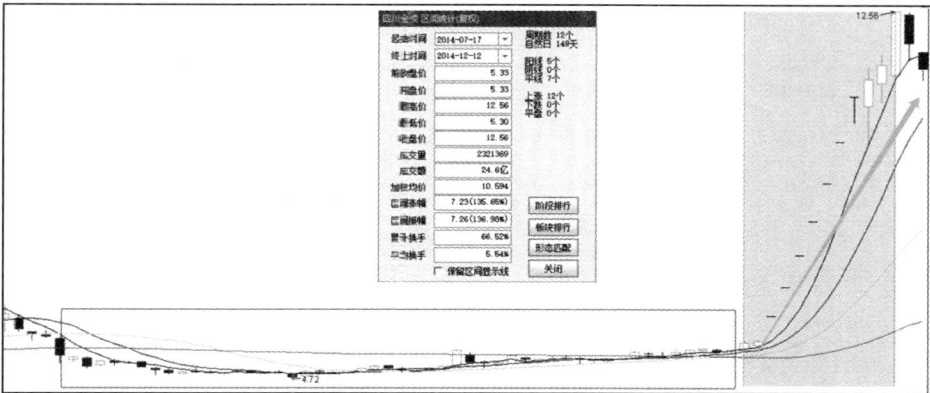

图 2-4 四川金顶走势

（二）新疆天业（600075）底部"绳索"经典案例

1. 企业档案

新疆天业（集团）有限公司组建于 1996 年 7 月，是新疆生产建设兵团农八师的大型国有企业。集团控股的新疆天业股份有限公司于 1997 年 6 月在上海证券交易所上市、新疆天业节水灌溉股份有限公司于 2006 年 2 月在香港成功上市。集团所属产业涉及塑料制品、节水器材、化工、电石、食品、热电、矿业、建材、对外贸易、建筑与房地产等多个领域。2010 年底企业总资产达 270 亿元，主营收入 158 亿元，实现利税 19 亿元，各项经营指标连续多年均以 40% 左右的速度递增。聚氯乙烯、烧碱、电石、节水器材、塑料加工、电石渣水泥已位于全国行业第一。新疆天业集团研究开发的成本低、性能好、农民用得起的"天业滴灌系统"在全国已累计推广约 3600 万亩，并成功走向西亚多个国家。

2. 财务信息

财务指标	2019-09-30	2018-12-31	2017-12-31	2016-12-31
审计意见	未经审计	标准无保留意见	标准无保留意见	标准无保留意见
净利润（万元）	5457.71	49359.43	53901.82	48930.02
净利润增长率（%）	-82.6668	-8.4272	10.1611	115.5171
营业总收入（万元）	329706.31	482776.01	497716.26	559739.23
营业总收入增长率（%）	-6.7743	-3.0018	-11.0807	14.1672
加权净资产收益率（%）	1.1400	10.8300	13.1400	18.0100
资产负债比率（%）	37.1694	40.1107	46.4183	49.6466
净利润现金含量（%）	1485.7344	96.5974	238.8072	157.8207
基本每股收益（元）	0.0600	0.5100	0.5500	0.5900
每股收益-扣除（元）	—	0.4200	0.5500	0.5700
稀释每股收益（元）	0.0600	0.5100	0.5500	0.5900
每股资本公积金（元）	1.3662	1.3662	1.3662	2.3126
每股未分配利润（元）	2.2485	2.2923	1.8347	1.8926
每股净资产（元）	4.8947	4.9320	4.4618	5.5691
每股经营现金流量（元）	0.8338	0.4903	1.3236	1.1117
经营活动现金净流量增长率（%）	49.8976	-62.9588	66.6907	22.9397

图 2-5 新疆天业财务信息

3. K线图形

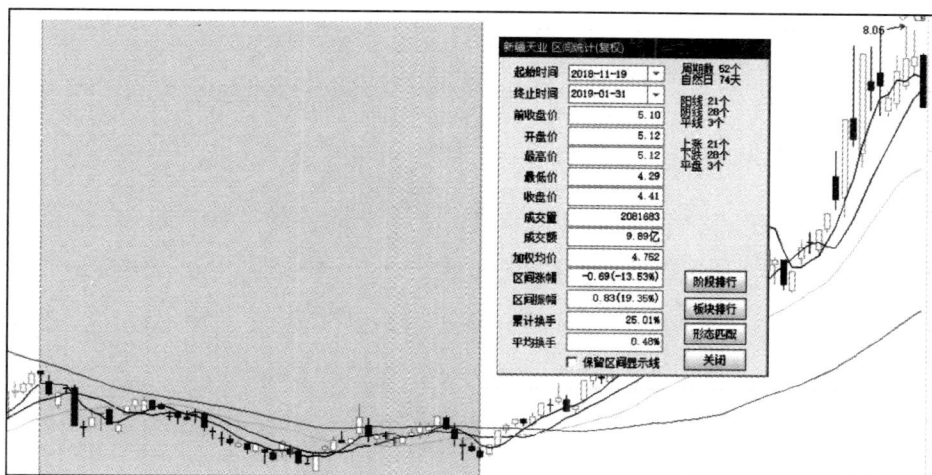

图 2-6　新疆天业 K 线

新疆天业低点空间横盘震荡，低点 52 个交易日区间振幅 19.35%，区间震荡量能平稳并无异常成交量，资金盘稳定介入

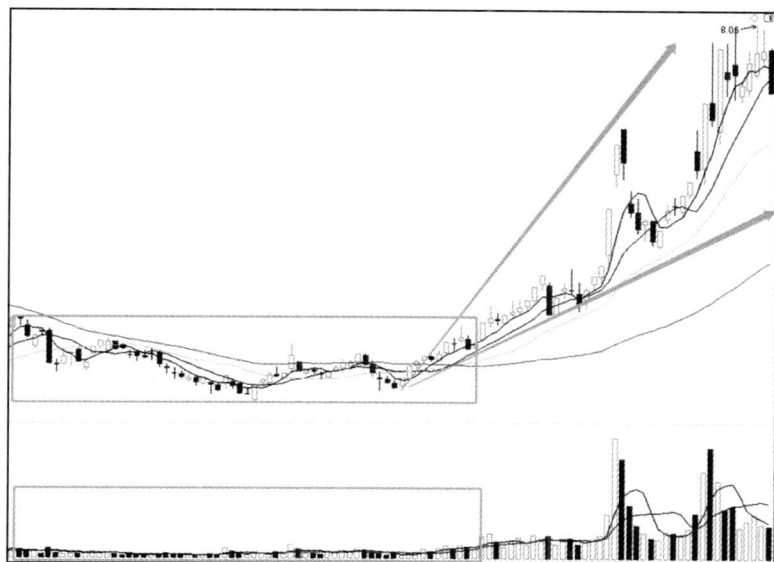

图 2-7　新疆天业走势

并无对敲换庄等出逃迹象，价格指数启动后 K 线站稳中短期均线支撑 4.4~8.05 元，涨幅 82.95%。

（三）中视传媒（600088）底部"绳索"经典案例

1. 企业档案

中视传媒股份有限公司注册于上海浦东，1997 年在上海证券交易所挂牌上市（证券代码 600088），北京、江苏无锡、广东南海、浙江杭州四地均设有分支机构。作为中央电视台控股的一家传媒类 A 股上市公司，中视传媒主营影视拍摄、电视节目制作与销售、影视拍摄基地开发和经营、影视设备租赁和技术服务、媒体广告代理等业务。

公司坚持与时俱进、开拓创新，"影视、旅游、广告"三大主业齐头并进。公司拥有 3000 多亩影视拍摄基地，年接待摄制组近 30 余个、游客 200 万人次。无锡影视基地的三国水浒城，成为全国 66 家首批 5A 级旅游景区中唯一的影视旅游文化景区，是国内最早进入高清晰度电视制作领域的企业，拥有 3000 多小时高清节目储备。截至 2008 年末，公司累计独资或合拍影视剧 140 余部，纪录片、栏目 100 余个约 4100 部集，引进高清剧 350 余集部。20 余部作品先后获得华表奖、飞天奖、金鸡奖、金鹰奖、金星奖、艾美奖（美国）、金片盘奖（美国）、金雀奖（印度）等 30 多个国内外奖项。

2. 财务信息

财务指标	2019-09-30	2018-12-31	2017-12-31	2016-12-31
审计意见	未经审计	标准无保留意见	标准无保留意见	标准无保留意见
净利润（万元）	7579.44	11452.04	8222.02	−12477.78
净利润增长率（%）	−2.1179	39.2849	165.9(P)	−572.9999

图 2-8 中视传媒财务信息

财务指标	2019-09-30	2018-12-31	2017-12-31	2016-12-31
审计意见	未经审计	标准无保留意见	标准无保留意见	标准无保留意见
营业总收入（万元）	53174.47	81088.90	71806.19	51481.87
营业总收入增长率（%）	8.5242	12.9274	39.4786	0.2470
加权净资产收益率（%）	6.2700	10.0800	7.8000	−11.5100
资产负债比率（%）	18.4121	23.0275	20.4403	22.2688
净利润现金含量（%）	−46.1175	163.7307	104.0282	−107.2914
基本每股收益（元）	0.1910	0.2880	0.2480	−0.3760
每股收益-扣除（元）	—	0.2680	0.2240	−0.3870
稀释每股收益（元）	0.1910	0.2880	0.2480	−0.3760
每股资本公积金（元）	0.6378	0.6378	0.9653	0.9653
每股未分配利润（元）	1.0534	0.9498	0.8894	0.7141
每股净资产（元）	3.0713	2.9643	3.2913	3.0682
每股经营现金流量（元）	−0.0879	0.4715	0.2581	0.4039
经营活动现金净流量增长率（%）	−152.3175	119.2215	−36.1108	388.6(P)

图 2-8　中视传媒财务信息（续）

3. K 线图形

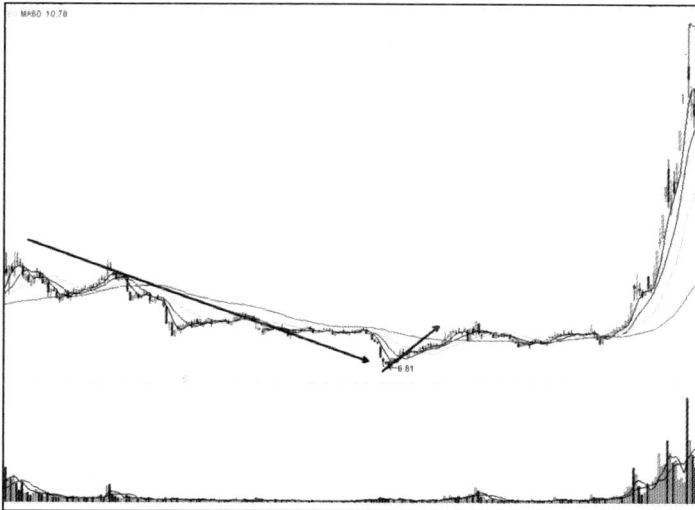

图 2-9　中视传媒 K 线

中视传媒首先在图形结构上找到低点尾部图形，用尾部长阴 K 线确认趋势低点，在趋势低点确认后发现锯齿形启动形态，44 个交易日区间振幅 18.58%，确认绳索高度寻找到绳环介入机会，需要确认均价线位置和量能配合的操作点。

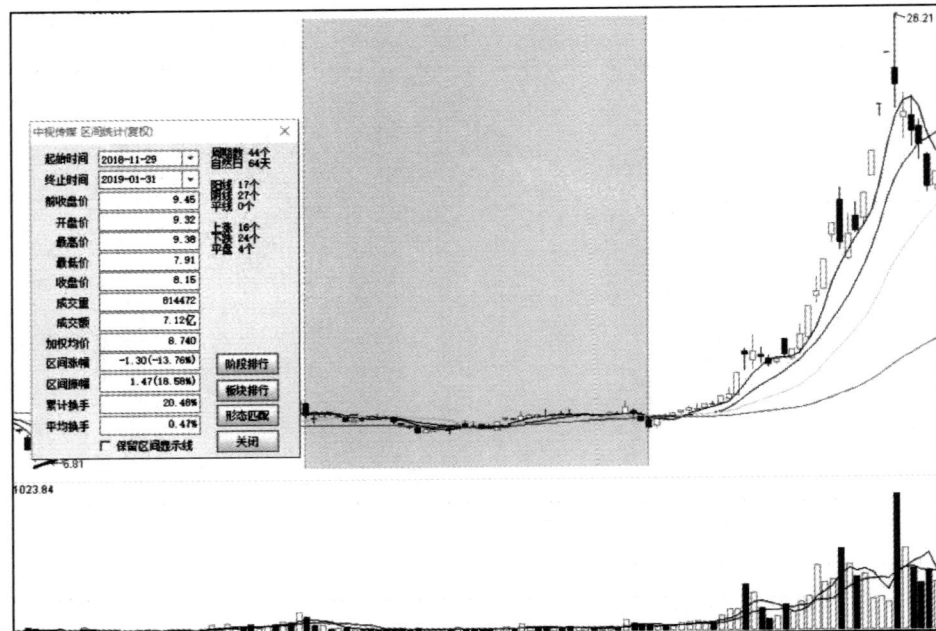

图 2-10　中视传媒走势（一）

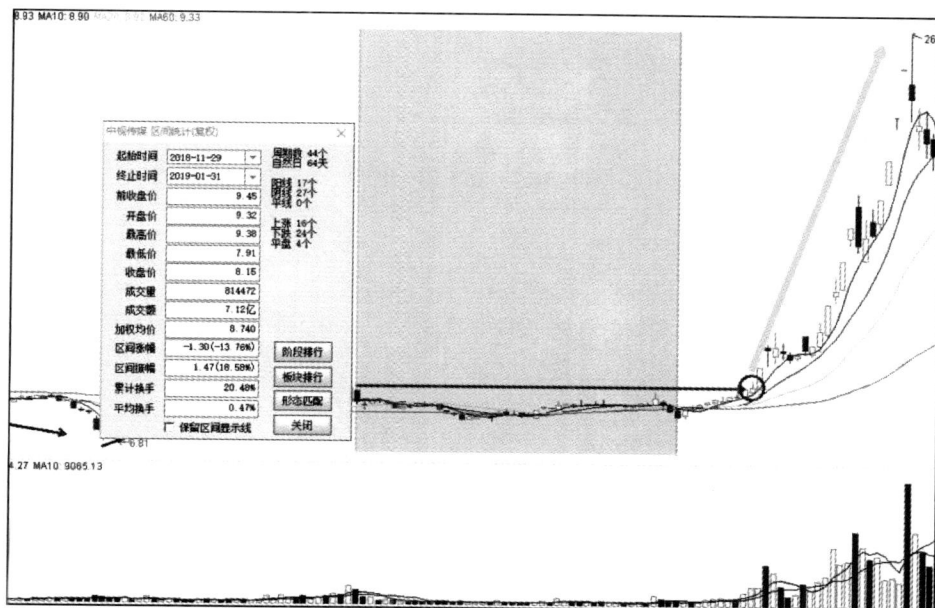

图 2-11 中视传媒走势（二）

三、市场的实战应用点

（1）股票长期在一个箱体（最长可到一年）。

（2）箱体高度不能太高，20%以内。

（3）箱体内量价分配均匀，不能出现怪异巨量。

（4）在箱体右侧股价突破高点前的一段时间里（阳多阴少而且量价配合）。

（5）股价以快速阳线上涨方式突破绳索站稳绳环位置确认捕猎。

（一）案例 1

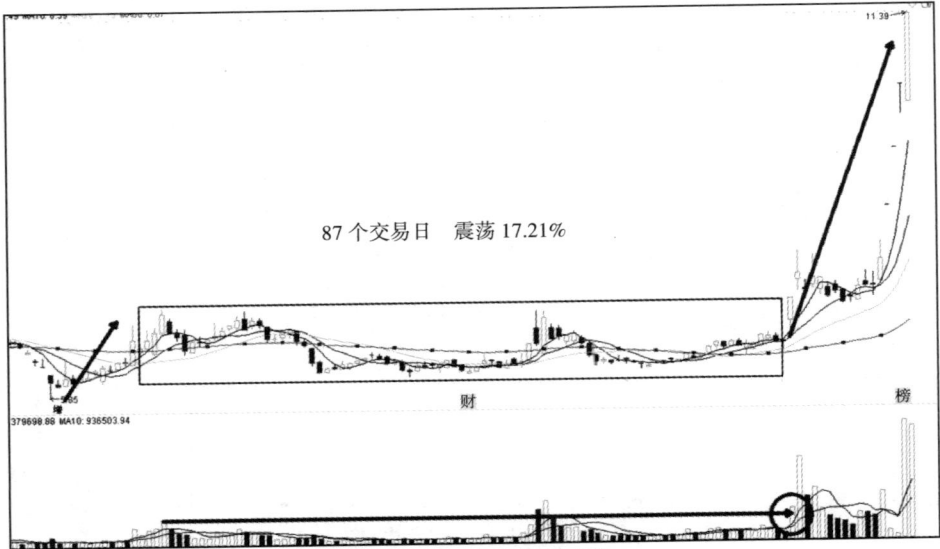

87 个交易日　震荡 17.21%

图 2-12　87 个交易日走势

（二）案例 2

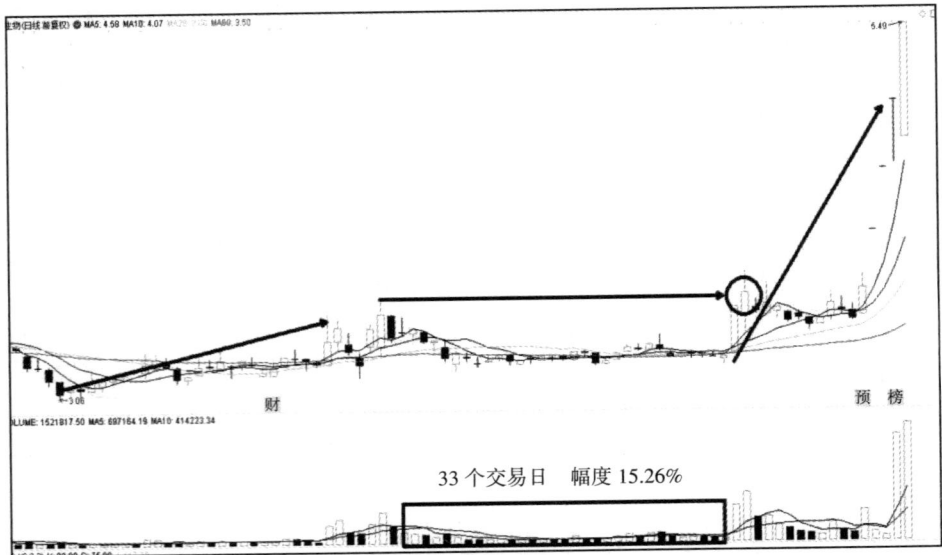

33 个交易日　幅度 15.26%

图 2-13　33 个交易日走势

（三）案例 3

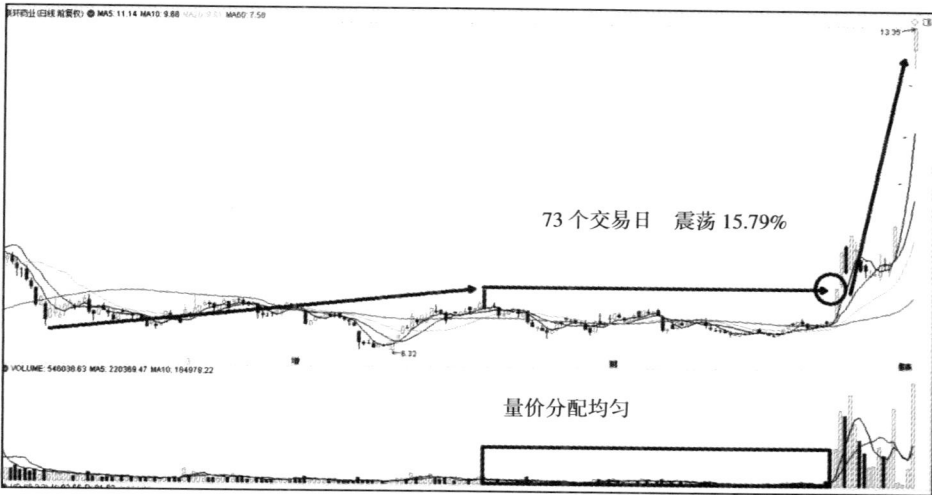

73 个交易日　震荡 15.79%

量价分配均匀

图 2-14　73 个交易日走势

（四）实盘中的多种类型

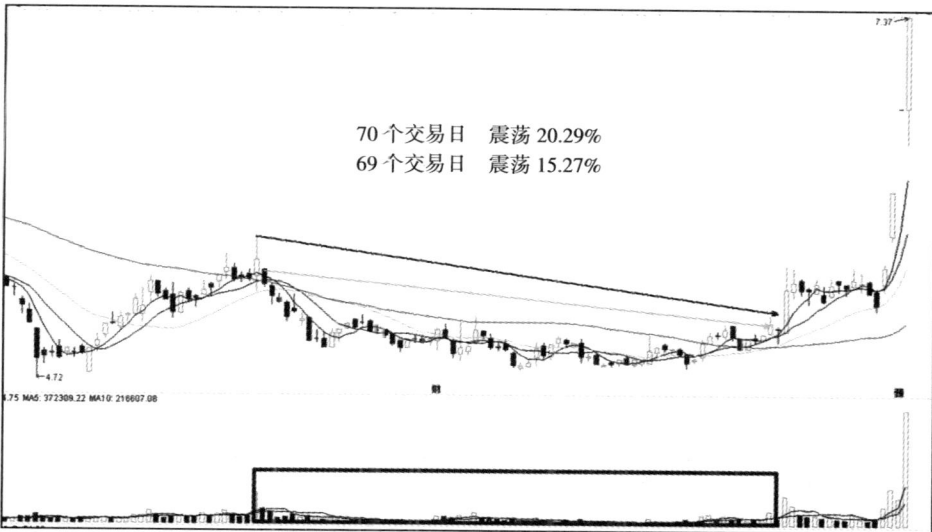

70 个交易日　震荡 20.29%
69 个交易日　震荡 15.27%

图 2-15　试盘线（一）

有时候盘中会有高低点试盘线误导判断的可能性，在个别试盘线位置高单针、低单针刚好突破 20% 的幅度要求，这是主力资金刻意为之扰乱投资者判断。实盘判断中遇到这种问题时，投资者可以根据试盘线收盘价去测算。

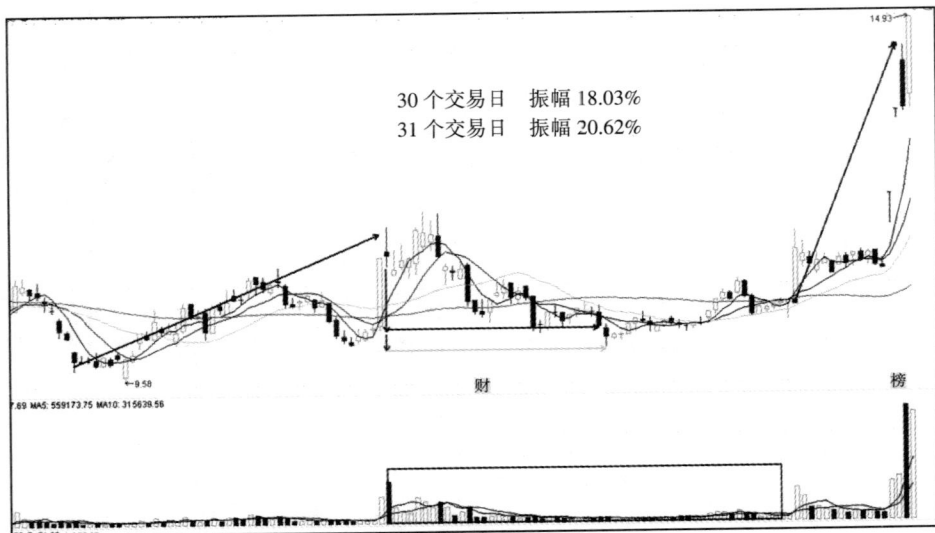

30 个交易日　振幅 18.03%
31 个交易日　振幅 20.62%

图 2-16　试盘线（二）

第三章　穿刺捕猎法

一、"穿刺"的概念

股神江恩说过这样一段话："在单底、双底、多重底买入股票，或者在股票突破所有阻力后买入！"

绳索捕猎法是涨停过顶的技术在突破阻力之后买入股票，属于比较激进的买入方式。而在股票反复下跌后选择买点的位置远比突破阻力买入股票难于操作，为什么？原因在于投资者能看懂的底部都是事后看到的，而当股票下跌时，如何判断是否为底部呢？

大盘持续下跌后，突然某个交易日跳空下跌或者出现尾部长阴 K 线跌幅巨大，盘中走出长阴的走势，但交易时间分时机构股价又顽强上攻，收盘收出长下影线！试盘线锤头或者吊颈线只要有长长的下影线就说明探底成功，这是最重要的！这种长下影见底 K 线是穿刺的关键点。

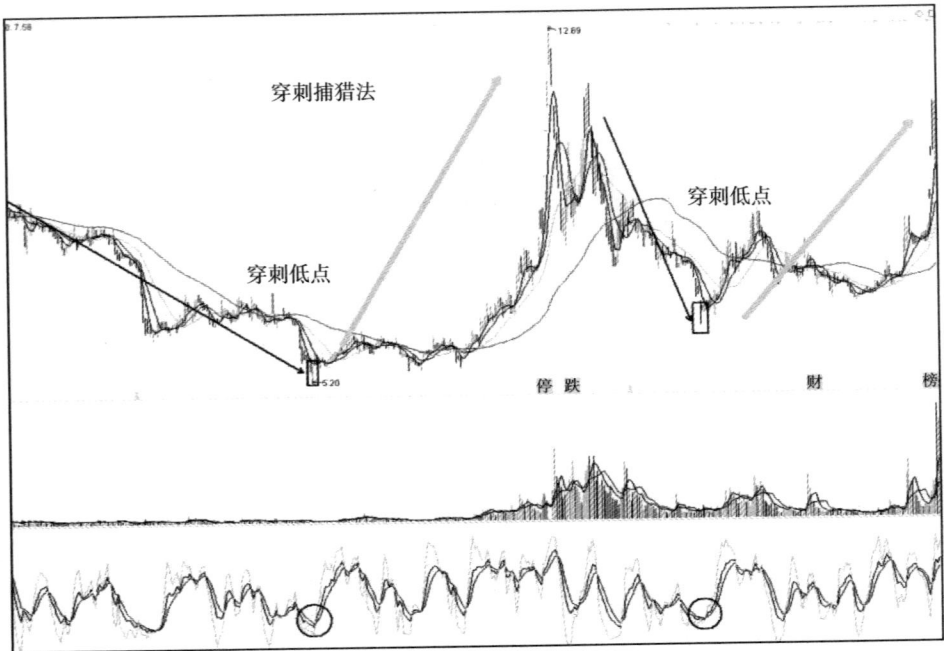

图 3-1 穿刺捕猎法

二、针对实盘的类型

（一）莱茵生物（002166）底部"穿刺"经典案例

1.企业档案

桂林莱茵生物科技股份有限公司创立于 1995 年，是国内植物提取行业领军企业，国内植提行业第一家上市公司（股票代码 002166）。公司主要从事罗汉果甜甙、甜菊糖甙、红景天提取物、积雪草提取物、淫羊藿提取物、越橘提取物、葡萄籽提取物等植物标准化提取物及高纯度活性单体的研发、生产及销售。

拥有年加工 15000 吨原材料的生产能力，产品广泛应用于食品、饮料、保健品、药品、日用化工等行业，其中 90% 以上出口美、德、日、韩、加、法、澳等 60 多个国家和地区。

经过多年稳健、快速的发展，莱茵生物已在食品、饮料、保健品、日用化工等行业树立了良好的企业品牌形象，积累了丰富的行业经验和客户资源，拥有完善的营销服务网络。2011 年初，莱茵全资北美分公司 Layn USA. Inc.成立，更进一步提升了公司营销网络和服务质量。公司先后被相关部委授予"农业产业化国家重点龙头企业""国家级重点高新技术企业""国家扶贫龙头企业""全国农产品加工示范企业"等荣誉称号。自 2005 年开始，莱茵生物连续 5 年荣登美国《福布斯》杂志中文版"中国最具潜力中小企业榜"，是中国植提领域唯一上榜企业。公司为中国医保商会会员，植物提取物分会理事单位，是行业标准制定单位之一。

2. 财务信息

财务指标	2019-09-30	2019-06-30	2019-03-31	2018-12-31
审计意见	未经审计	未经审计	未经审计	无保留意见
归属母公司净利润（万）	6315.10	4519.81	1070.95	8166.43
净利润增长率（%）	−18.49	−37.46	−41.45	−60.35
扣非净利润（万）	5609.31	3913.47	1066.07	6946.53
营业总收入（万元）	39064.47	26172.65	10448.58	61955.62
总营收同比增长率（%）	−14.23	−14.80	−6.28	−22.68
加权净资产收益率（%）	4.53	3.51	0.96	7.57
资产负债比率（%）	33.93	34.46	47.01	47.51
净利润现金含量（%）	−123.49	−187.16	−840.73	−103.18
基本每股收益（元）	0.1200	0.0900	0.0200	0.1900
每股收益-扣除（元）	0.0992	0.0800	0.0244	0.1600

图 3-2 莱茵生物财务信息

财务指标	2019-09-30	2019-06-30	2019-03-31	2018-12-31
审计意见	未经审计	未经审计	未经审计	无保留意见
每股收益-摊薄（元）	0.1117	0.0800	0.0245	0.1868
每股资本公积金（元）	1.0688	1.0688	0.5984	0.5984
每股未分配利润（元）	0.7104	0.6787	0.8630	0.8385
每股净资产（元）	2.8659	2.8309	2.5660	2.5468
每股经营现金流量（元）	-0.1380	-0.1497	-0.2059	-0.1927

图 3-2 莱茵生物财务信息（续）

3．K 线图形

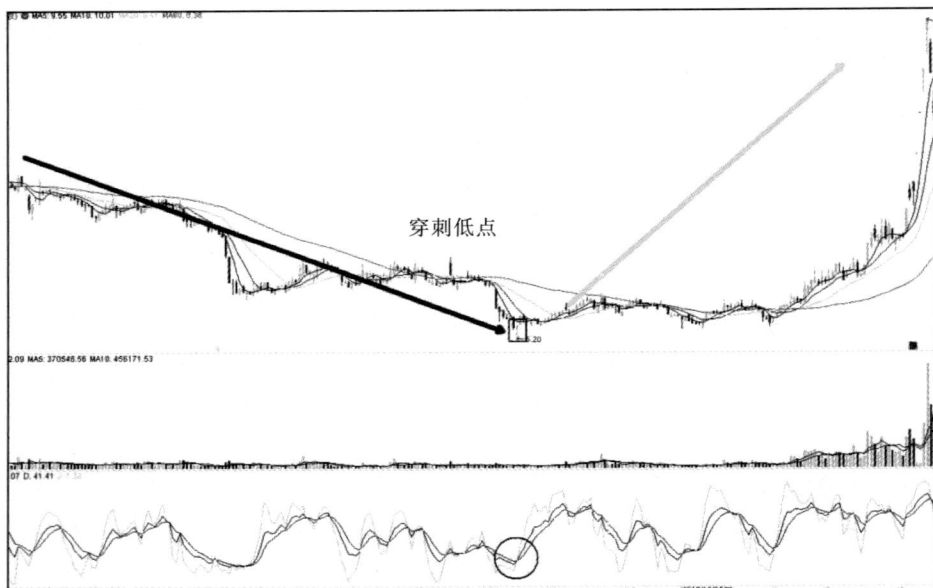

穿刺低点

图 3-3 莱茵生物 K 线

莱茵生物（002166）在不同时期出现了两次的穿刺捕猎法操作，分别是 2018 年 10 月 19 日与 2019 年 8 月 6 日，两次主力资金布局都是股价反复持续下跌后，出现尾部大幅下跌以试盘线图形收盘，分别从两个低点出现 133% 与 55% 的上升空间，验证了

穿刺低点

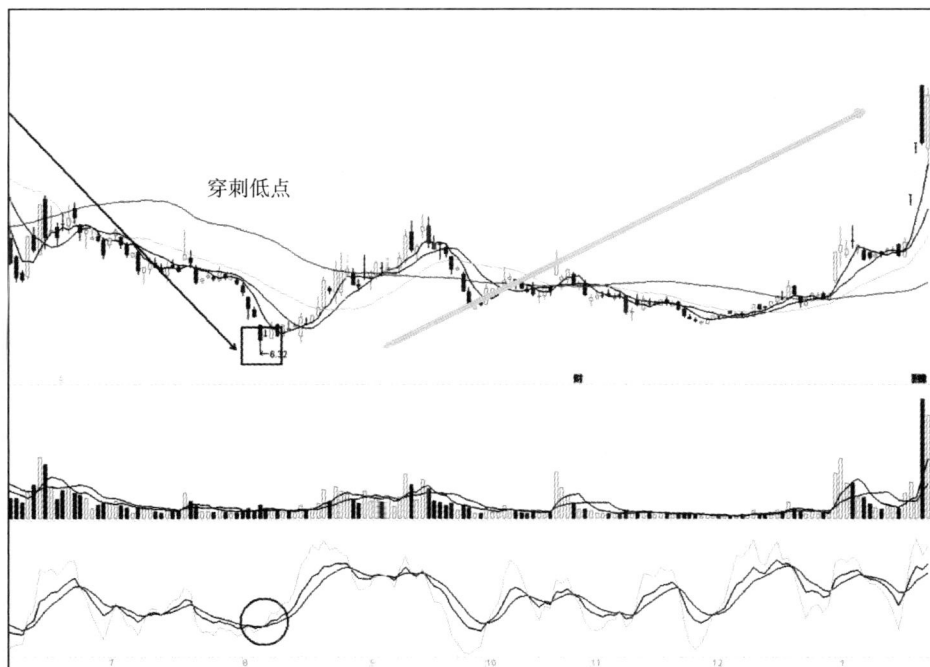

图 3-4　莱茵生物买入点（一）

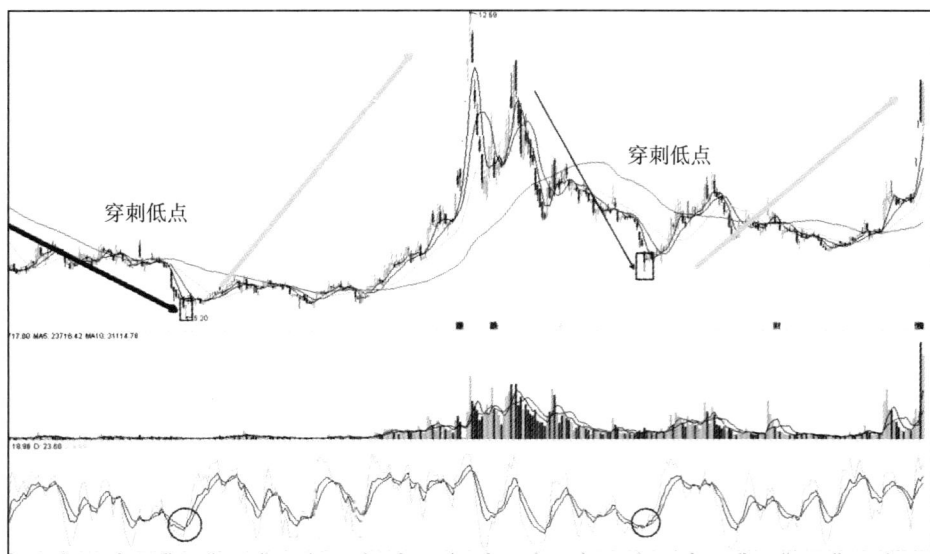

穿刺低点

穿刺低点

图 3-5　莱茵生物买入点（二）

穿刺低点是优秀的介入机会，主力资金以穿刺捕猎法布局操作。

（二）海王生物（000078）底部"穿刺"经典案例

1. 企业档案

海王生物前身为深圳蛇口海王生物工程有限公司，1992 年 12 月 13 日，经深圳市南山区人民政府以深南府复（1992）118 号文批准成立。1996 年 7 月 25 日，经深圳市证券监督管理办公室以深证办复（1996）68 号文批准，进行公众股份公司改组。1997 年 4 月 16 日，经深圳市工商局核准拟募集设立的股份公司名称为深圳市海王生物工程股份有限公司，股本为 5730 万元。

海王生物肿瘤药的自主创新获得重大进展。海王生物全资子公司深圳海王药业申报的专利"含二苯乙烯片段的苯基硝酮类化合物及其用途"获得国家知识产权局授权。

据专利摘要介绍，该专利可用于治疗哺乳动物细胞过度增生疾病，例如癌症，亦可用作神经保护剂。同时，公开了含有这些化合物的药物组合物及其在制备抗肿瘤药物中的用途。

业内人士评价，一旦获得专利授权，即为独家药物，只有拥有专利的公司才能生产，具有市场独占性。我国一直鼓励药企自主创新，促进产业升级，专利药是最能体现企业自主知识产权和研发实力的标志。

2. 财务信息

财务指标	2019-09-30	2019-06-30	2019-03-31	2018-12-31
审计意见	未经审计	未经审计	未经审计	无保留意见
归属母公司净利润（万）	36554.62	20376.56	13207.71	41469.18
净利润增长率（%）	-15.36	-37.64	-13.49	-34.84

图 3-6 海王生物财务信息

财务指标	2019-09-30	2019-06-30	2019-03-31	2018-12-31
审计意见	未经审计	未经审计	未经审计	无保留意见
扣非净利润（万）	38259.41	21865.53	12444.77	8925.86
营业总收入（万元）	3070245.15	2085080.49	1054544.99	3838090.73
总营收同比增长率（%）	12.35	18.80	14.58	53.90
加权净资产收益率（%）	5.80	3.24	2.20	7.25
资产负债比率（%）	79.98	81.51	79.99	82.69
净利润现金含量（%）	123.43	210.09	52.58	-273.74
基本每股收益（元）	0.1336	0.0748	0.0492	0.1560
每股收益-扣除（元）	0.1385	0.0803	0.0450	0.0337
每股收益-摊薄（元）	0.1323	0.0738	0.0478	0.1567
每股资本公积金（元）	0.9325	0.9460	0.9341	0.8789
每股未分配利润（元）	0.4664	0.4078	0.4019	0.3696
每股净资产（元）	2.3083	2.2633	2.3344	2.2469
每股经营现金流量（元）	0.1633	0.1550	0.0251	-0.4289

图 3-6 海王生物财务信息（续）

3. K 线图形

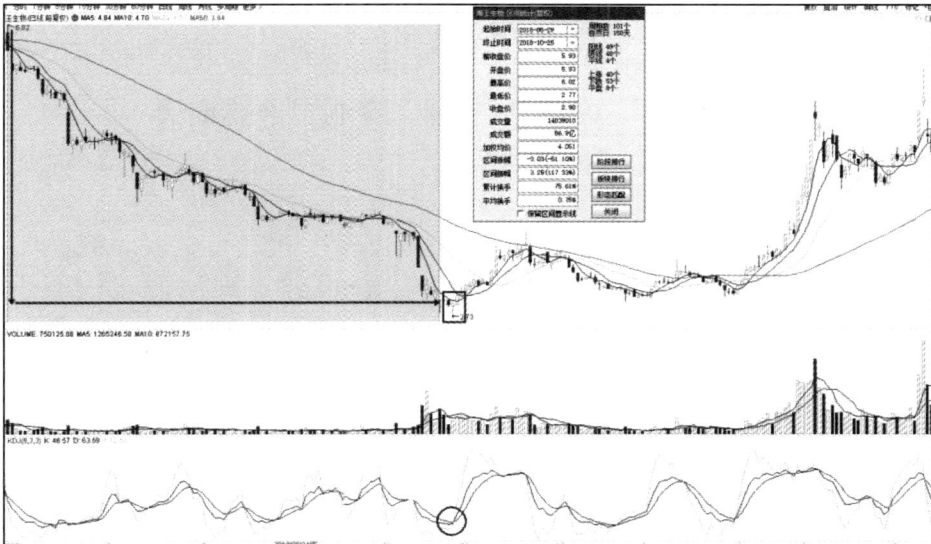

图 3-7 海王生物 K 线

海王生物（000078）在大趋势长期下跌后，下跌空间大于30%以后确认了尾部试盘线图形，在试盘线位置同时中短期时间指标 KDJ 金叉，价格指数分时反弹 KDJ 金叉确认操作点，穿刺低点之后上升 82.81%空间高度。

图 3-8　海王生物穿刺点

（三）天银机电（300347）底部"穿刺"经典案例

1. 企业档案

常熟市天银机电股份有限公司成立于 2002 年 8 月，是一家专业研究、开发和生产电冰箱压缩机配套零部件的股份有限公司，拥有自主知识产权的冰箱压缩机零部件提供商，自设立以来一直专注于节能节材型冰箱压缩机零部件的研发、生产和销售。

常熟市天银机电股份有限公司于 2012 年 7 月 26 日在创业板挂牌上市，股票简称"天银机电"，股票代码 300347。公司此次公开发行 2500 万股 A 股，募集资金总额 4.25 亿元，将主要用于无功耗起动器产能扩建、整体式无功耗起动器产能扩建、吸气消音器产能扩建及研发中心建设项目。

公司的主要产品是冰箱压缩机起动器（无功耗起动器、整体式无功耗起动器、PTC 起动器和整体式 PTC 起动器）、热保护器以及压缩机用塑料件（包括吸气消音器和接线盒等）。

2. 财务信息

财务指标	2019-09-30	2019-06-30	2019-03-31	2018-12-31
审计意见	未经审计	未经审计	未经审计	无保留意见
归属母公司净利润（万）	10703.41	7747.86	4411.35	9730.95
净利润增长率（%）	8.35	3.41	5.11	-48.94
扣非净利润（万）	8733.78	5902.13	2772.83	9424.70
营业总收入（万元）	63633.71	42830.09	22394.88	74574.76
总营收同比增长率（%）	10.25	7.95	19.23	-3.52
加权净资产收益率（%）	7.75	5.78	3.27	7.20
资产负债比率（%）	27.14	30.92	27.36	29.80
净利润现金含量（%）	-87.05	-77.65	-37.83	194.95
基本每股收益（元）	0.2500	0.1800	0.1000	0.2300
每股收益-扣除（元）	0.2022	0.1400	0.0642	0.2200
每股收益-摊薄（元）	0.2479	0.1794	0.1021	0.2253
每股资本公积金（元）	0.9870	0.9871	0.9859	0.9846
每股未分配利润（元）	1.2390	1.1703	1.2407	1.1386
每股净资产（元）	3.1763	3.1060	3.1759	3.0719
每股经营现金流量（元）	-0.2158	-0.1393	-0.0386	0.4392

图 3-9 天银机电财务信息

3. K 线图形

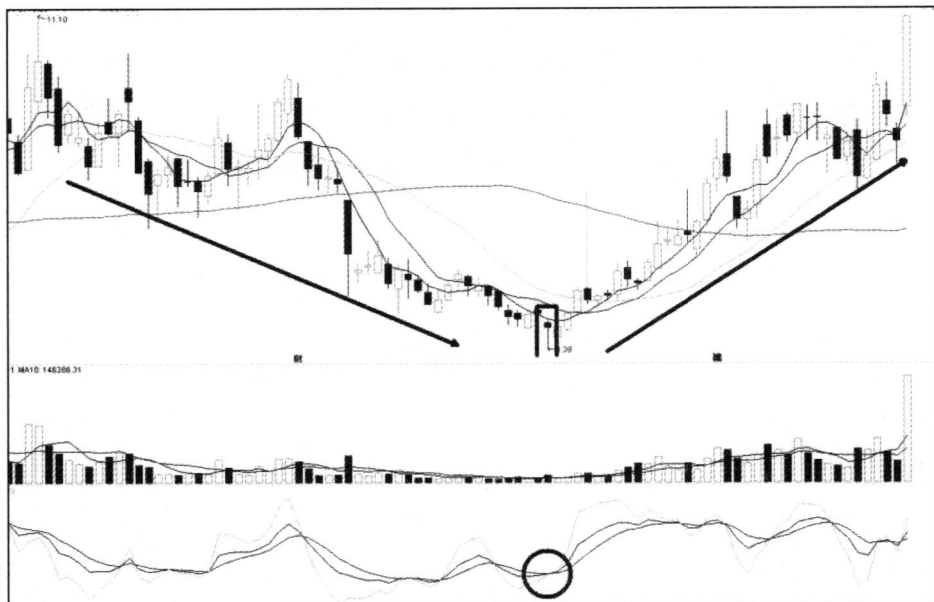

图 3-10　天银机电 K 线

　　天银机电（300347）股价持续下跌到阶段低点，下跌空间大于 30% 以上主力已经完成有效洗盘操作，阶段点出现尾部试盘线图形，试盘线图形配合 KDJ 指标确认点，指标与 K 线有滞后时间所以在确认地点位置同时要求，KDJ 当日或者次日位置出现金叉确认操作点。

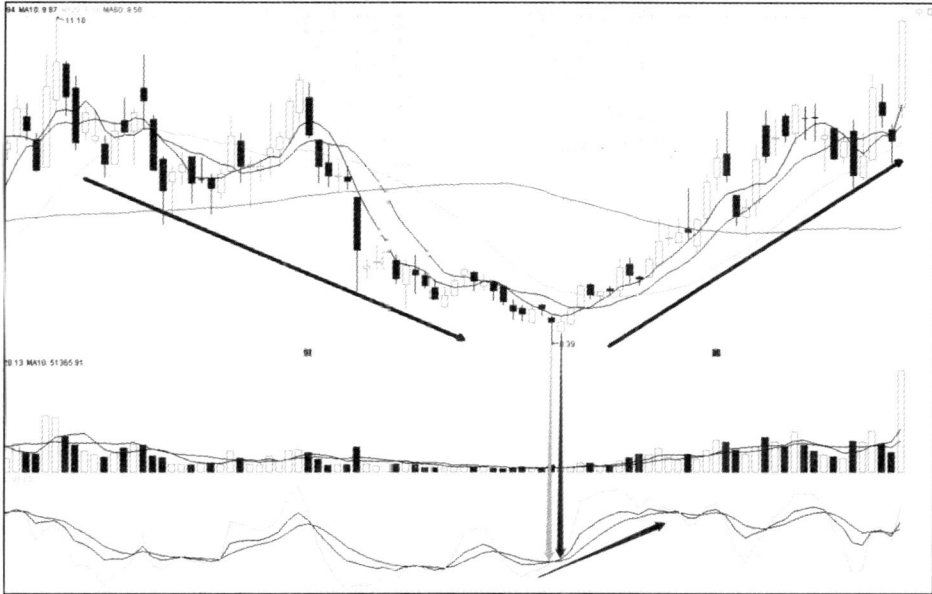

图 3-11　天银机电操作点

三、市场的实战应用点

（1）确认指数趋势位置，选择趋势方向。

（2）股价反复下跌 30% 以上之后，突然出现跳空下跌或者大幅下跌。

（3）收盘以长单针（十字星、锤头）图形收盘。

（4）单针（十字星、锤头）图形当日或者次日出现，KDJ 指标出现金叉图形。

（5）高点回落之后，MACD 并未死叉，KDJ 再次现出金叉位置。

（一）案例 1

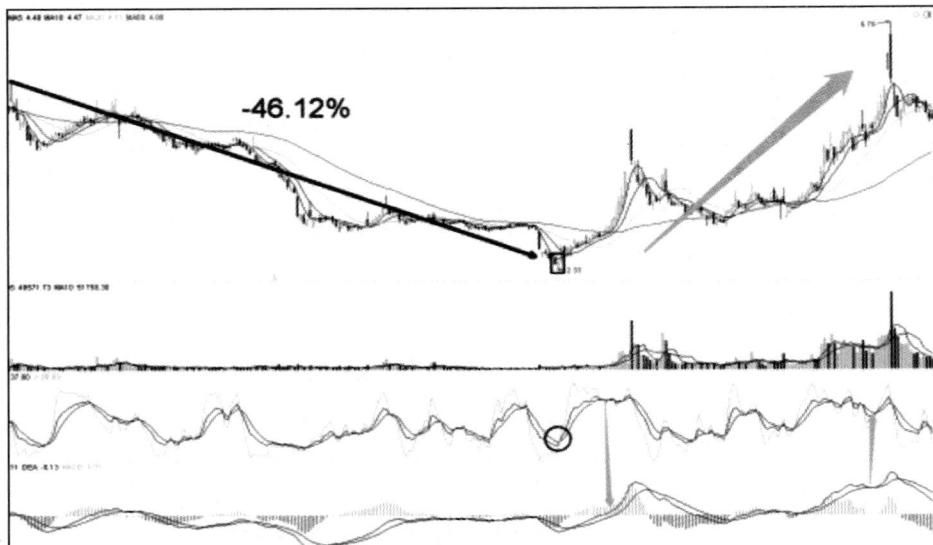

图 3-12　确认点（一）

（二）案例 2

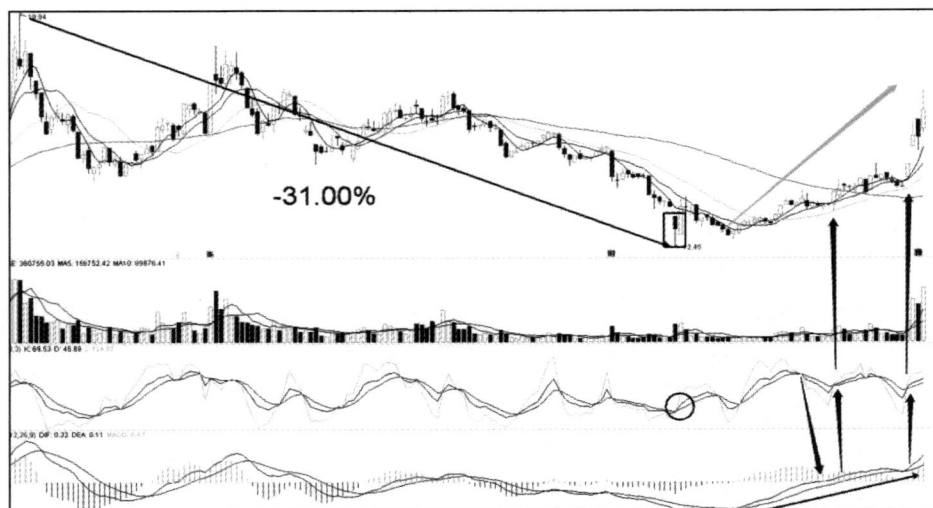

图 3-13　确认点（二）

（三）案例 3

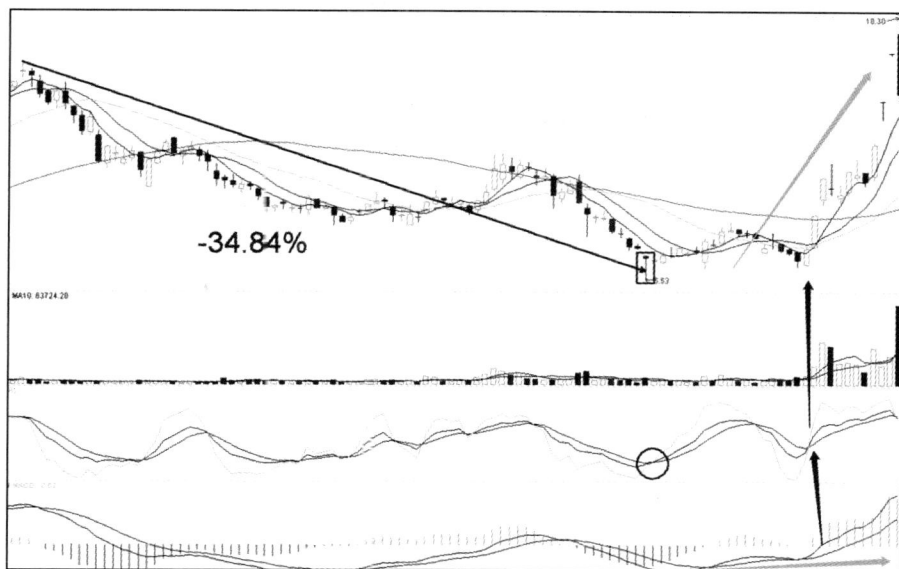

图 3-14　确认点（三）

四、实盘中的多种类型

　　穿刺捕猎法中，一定要了解清楚 KDJ 与 MACD 都是时间指标，KDJ 为中短期时间指示，MACD 是中长期时间指标，在穿刺位置确认以后，KDJ 金叉为短期操作点，KDJ 作为中短期时间指标波动频繁，所以中短期操作点确认后，结合 MACD 金叉后的持续走高，表明 MACD 作为中长期时间指标揭露了主力大资金动向。

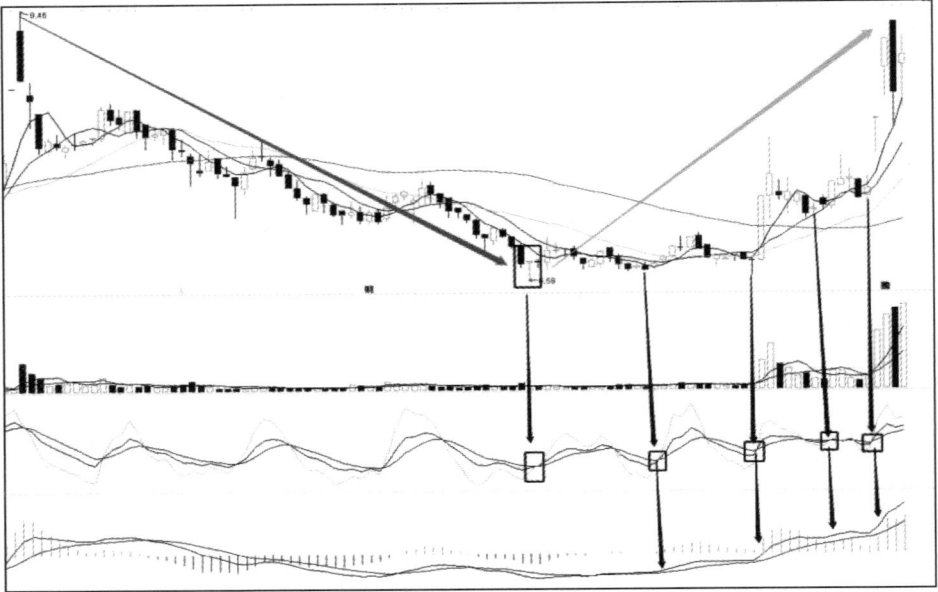

图 3-15　穿刺捕猎法——MACD

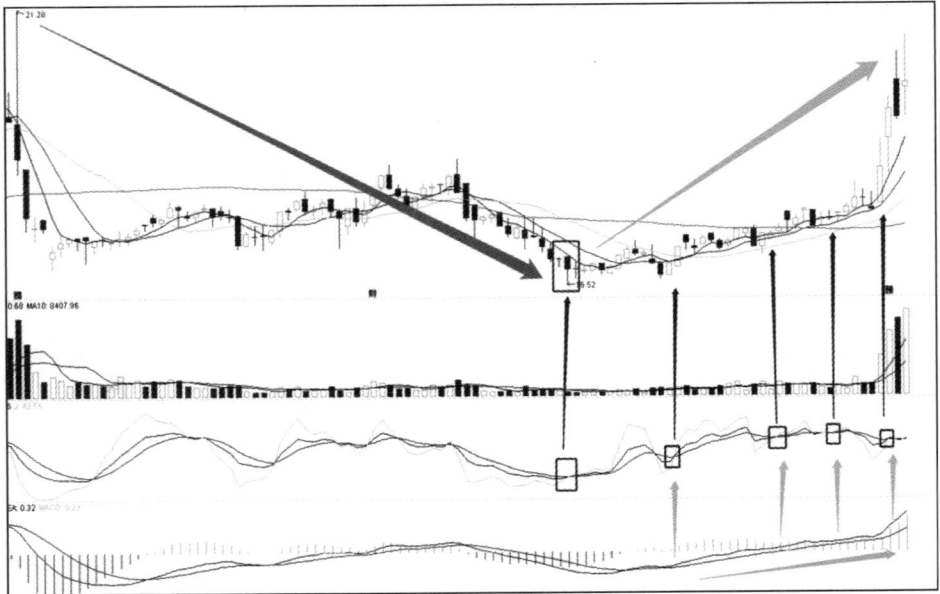

图 3-16　K 线

第四章　双杀捕猎法

一、"双杀"的概念

　　双杀捕猎法是标准的单底操作，单底操作需要较高的市场投资经验判断，相对单底来讲，双底的走势更容易发现市场机会。由于有前低点的参照物，在第二个底附近操作时更容易找到操作机会。两个底的形态位置都有很深的学问。

　　同一个主力资金操作，两个底有同样的 K 线走势，发现了第一个穿刺底筑成后双底的位置至关重要，双底有效形成支撑的最基本一条是一个底比一个底高，这是有理论依据的，按照波浪理论不破前底说明锯齿形启动上升，开始阶段主升浪形态。

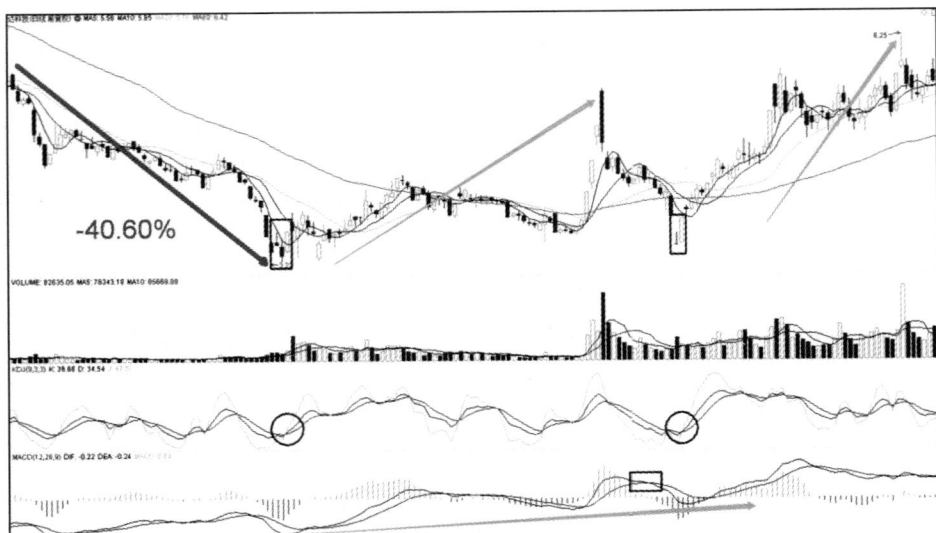

图 4-1　双杀捕猎法

二、针对实盘的类型

（一）莱茵生物（002166）底部"双杀"经典案例

1. 企业档案

桂林莱茵生物科技股份有限公司创立于 1995 年，是国内植物提取行业领军企业，国内植提行业第一家上市公司（股票代码 002166）。公司主要从事罗汉果甜甙、甜菊糖甙、红景天提取物、积雪草提取物、淫羊藿提取物、越橘提取物、葡萄籽提取物等植物标准化提取物及高纯度活性单体的研发、生产及销售。拥有年加工 15000 吨原材料的生产能力，产品广泛应用于食品、饮料、保健品、药品、日用化工等行业，其中 90% 以上出口美、德、日、韩、加、法、澳等 60 多个国家和地区。

经过 10 多年稳健、快速的发展，莱茵生物已在食品、饮料、保健品、日用化工等行业树立了良好的企业品牌形象，积累了丰富的行业经验和客户资源，拥有完善的营销服务网络。2011 年初，莱茵全资北美分公司 Layn USA. Inc.成立，更进一步提升了公司营销网络和服务质量。公司先后被相关部委授予"农业产业化国家重点龙头企业""国家级重点高新技术企业""国家扶贫龙头企业""全国农产品加工示范企业"等荣誉称号。自 2005 年开始，莱茵生物连续 5 年荣登美国《福布斯》杂志中文版"中国最具潜力中小企业榜"，是中国植提领域唯一上榜企业。公司为中国医保商会会员，植物提取物分会理事单位，是行业标准制定单位之一。

2. 财务信息

财务指标	2019-09-30	2019-06-30	2019-03-31	2018-12-31
审计意见	未经审计	未经审计	未经审计	无保留意见
归属母公司净利润（万）	6315.10	4519.81	1070.95	8166.43
净利润增长率（%）	−18.49	−37.46	−41.45	−60.35
扣非净利润（万）	5609.31	3913.47	1066.07	6946.53
营业总收入（万元）	39054.47	26172.65	10448.58	61955.62
总营收同比增长率（%）	−14.23	−14.80	−6.28	−22.68
加权净资产收益率（%）	4.53	3.51	0.96	7.57
资产负债比率（%）	33.93	34.46	47.01	47.51
净利润现金含量（%）	−123.49	−187.16	−840.73	−103.18
基本每股收益（元）	0.1200	0.0900	0.0200	0.1900
每股收益-扣除（元）	0.0992	0.0800	0.0244	0.1600
每股收益-摊薄（元）	0.1117	0.0800	0.0245	0.1868
每股资本公积金（元）	1.0688	1.0688	0.5984	0.5984

图 4-2 莱茵生物财务信息

财务指标	2019-09-30	2019-06-30	2019-03-31	2018-12-31
审计意见	未经审计	未经审计	未经审计	无保留意见
每股未分配利润（元）	0.7104	0.6787	0.8630	0.8385
每股净资产（元）	2.8659	2.8309	2.5660	2.5468
每股经营现金流量（元）	-0.1380	-0.1497	-0.2059	-0.1927

图4-2　莱茵生物财务信息（续）

3. K线图形

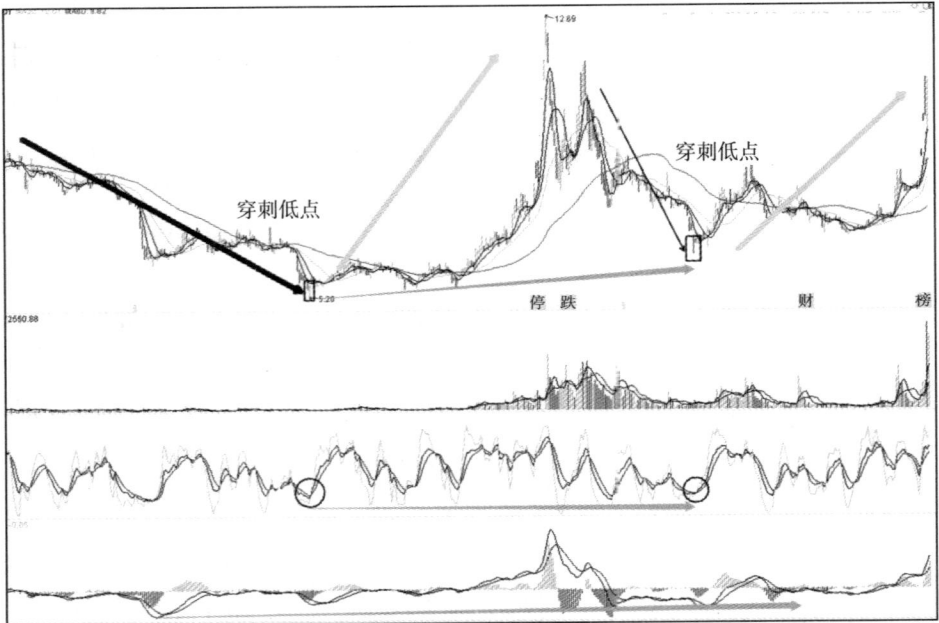

图4-3　莱茵生物K线

　　莱茵生物（002166）股价反复下跌30%以后，出现第一个底部穿刺点，在试盘线和中短期时间指标KDJ金叉位置确认，在价格二次回落后再次出现第二个底部穿刺低点，第二低点前不要求一定满足30%下跌要求。

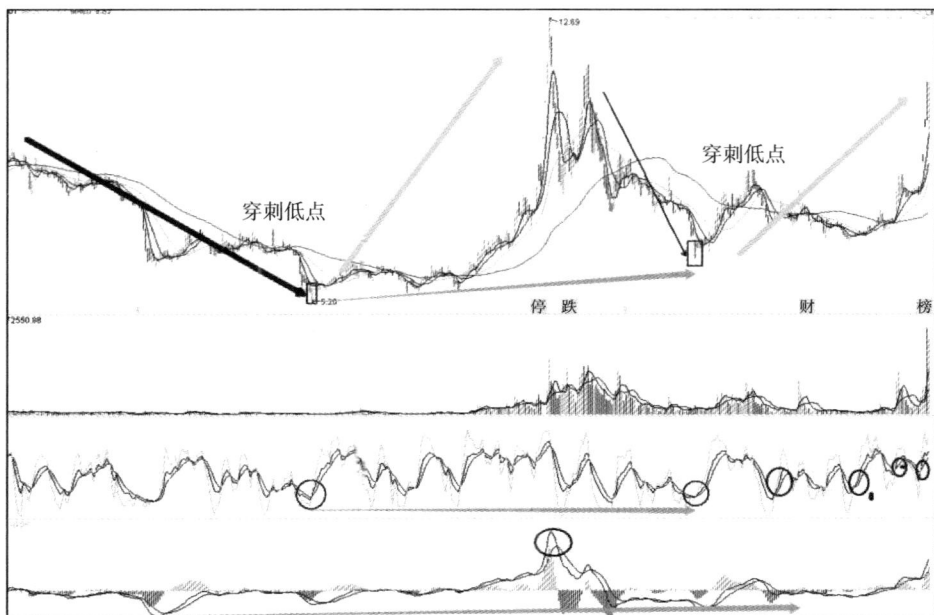

图 4-4　莱茵生物两个低点

（二）奋达科技（002681）底部"双杀"经典案例

1. 企业档案

创立于 1993 年的深圳市奋达科技股份有限公司，注册资本 11250 万元，目前已发展成为中国音频技术、电声产品、健康电器产品领域的领先者，2008 年被商务部认定为"国家级高新技术企业"。

公司总部位于深圳市宝安区奋达科技园，全园占地 17 万平方米，园区绿化覆盖率达 35%，是一座功能机构合理，生活设置齐备、工作环境优雅舒适的园林式、景观式工业园，园区建有十六项循环经济设施，是深圳市低碳、环保生态工业园的典范。

公司拥有完善的设计、研发、生产、销售、服务等管理体系，产品远销全球 80 多个国家和地区，在全球 40 多个国家拥有奋达商标知识产权。2008 年 4 月，国家质检总局授予奋达"出口商品免检"殊荣。

2. 财务信息

财务指标	2019-09-30	2019-06-30	2019-03-31	2018-12-31
审计意见	未经审计	未经审计	未经审计	无保留意见
归属母公司净利润（万）	13477.25	7504.96	4834.29	-77982.22
净利润增长率（%）	-48.54	-48.41	-10.60	-275.92
扣非净利润（万）	10064.74	4548.95	2605.77	-85497.53
营业总收入（万元）	249528.20	148222.20	67872.67	334550.47
总营收同比增长率（%）	3.46	3.93	6.45	4.23
加权净资产收益率（%）	2.55	1.43	0.92	-13.51
资产负债比率（%）	29.17	32.57	32.63	31.99
净利润现金含量（%）	372.21	534.11	264.85	-75.24
基本每股收益（元）	0.0654	0.0364	0.0234	-0.3700
每股收益-扣除（元）	0.0489	0.0221	0.0126	-0.4100
每股收益-摊薄（元）	0.0655	0.0365	0.0234	-0.3777
每股资本公积金（元）	1.2981	1.2958	1.2986	1.2947
每股未分配利润（元）	0.2936	0.2646	0.2514	0.2280
每股净资产（元）	2.6035	2.5770	2.5559	2.5318
每股经营现金流量（元）	0.2437	0.1947	0.0620	0.2842

图 4-5 奋达科技财务信息

3. K 线图形

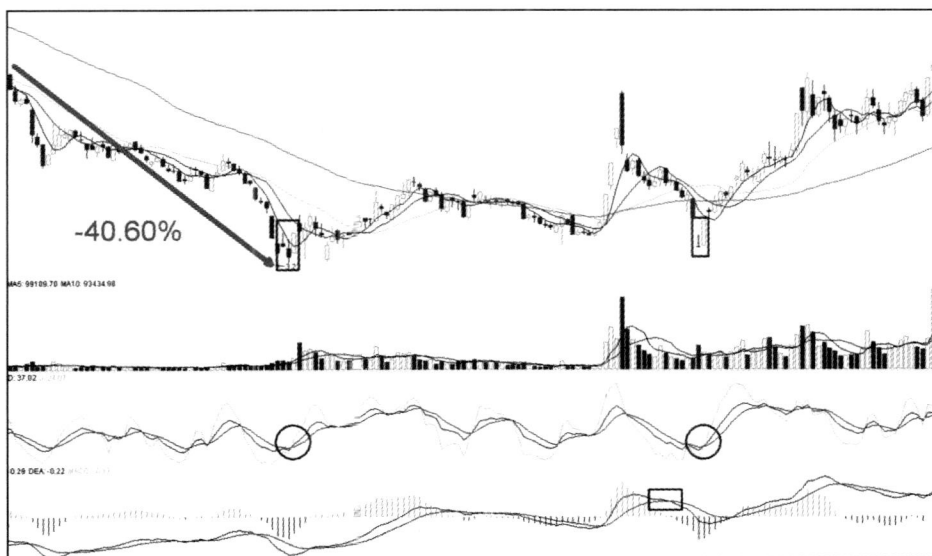

图 4-6 奋达科技 K 线

奋达科技（002681）确认第一穿刺低点后，第二低点一定高于第一低点位置，保持锯齿启动技术形态二次穿刺低点，中短期时间指标 KDJ 金叉再寻找中长期时间指标 MACD 持续走高金叉的启动，价格猛烈回落以后确认主升阶段的启动布局。

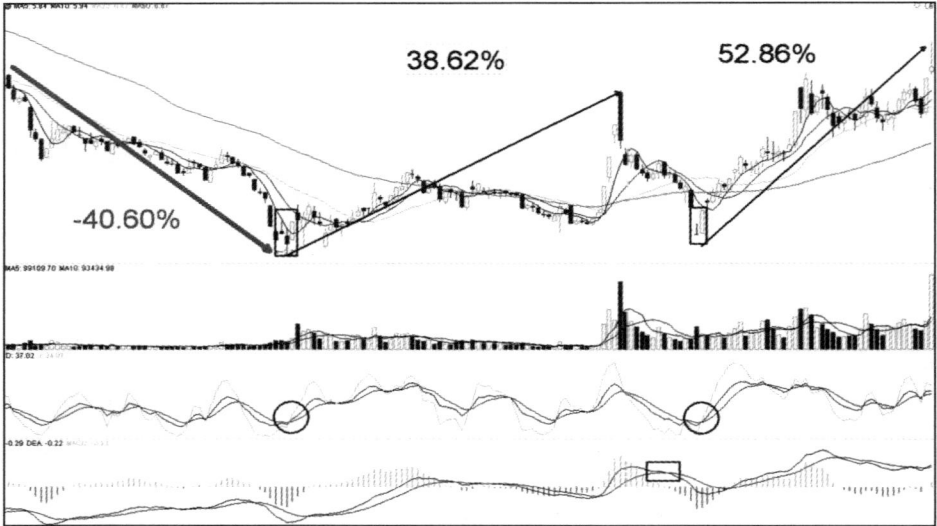

图 4-7　奋达科技走势

（三）许继电器（000400）底部"双杀"经典案例

1. 企业档案

许继电气是国家电力系统自动化和电力系统继电保护及控制行业的排头兵，被誉为我国电力装备行业配套能力最强的企业，是国家科技部认定的国家重点高新技术企业，全国 520 家重点企业和国家重大技术装备国产化基地之一，承担了国家"六五"至"十一五"期间等一系列重大攻关项目，其中大部分产品获得国家和省部级科技进步奖。公司产品被广泛应用于三峡、葛洲坝、龙羊峡、秦山核电，晋东南—荆门特高压交流输电、云南—广东及向家坝—上海特高压直流输电，大秦电气化、武汉—广州客运专线等数百项国家重点工程，能够为交流 1000 千伏、直流±800 千伏及以下超高压输电工程，1000 兆瓦火电机组、720 兆瓦水电机组及以下容量发电厂站以及各种电压等级城乡电网和工矿企业提供成套产品和服务。2010 年，公司实现营业收入 3855526070.22 元，净利润 146671788.73 元。

2. 财务信息

财务指标	2019-09-30	2019-06-30	2019-03-31	2018-12-31
审计意见	未经审计	未经审计	未经审计	无保留意见
归属母公司净利润（万）	26542.96	17352.30	2517.77	19966.08
净利润增长率（%）	71.45	31.48	-9.06	-67.47
扣非净利润（万）	25436.81	16827.71	2086.47	16373.26
营业总收入（万元）	523321.65	305448.78	103256.52	821655.87
总营收同比增长率（%）	25.93	14.97	15.39	-20.46
加权净资产收益率（%）	3.23	2.22	0.32	2.61
资产负债比率（%）	41.19	40.27	41.47	42.70
净利润现金含量（%）	9.71	-31.88	-897.27	232.01
基本每股收益（元）	0.2642	0.1721	0.0250	0.1980
每股收益-扣除（元）	0.2523	0.1669	0.0207	0.1617
每股收益-摊薄（元）	0.2642	0.1721	0.0250	0.1980
每股资本公积金（元）	0.8236	0.8236	0.8272	0.8272
每股未分配利润（元）	5.5656	5.4735	5.3744	5.3494
每股净资产（元）	7.9036	7.8115	7.7160	7.6910
每股经营现金流量（元）	0.0257	-0.0549	-0.2240	0.4594

图 4-8 许继电器财务信息

3. K 线图形

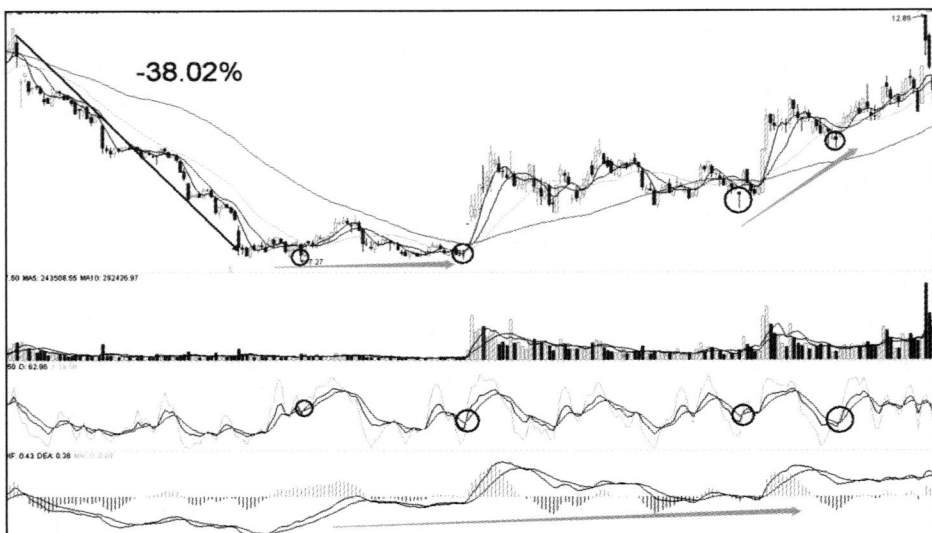

图 4-9　许继电器 K 线

许继电器（000400）主力资金洗盘后，分别在趋势启动浪和主升浪中多次运用双杀捕猎法布局，投资者要关注操作细节

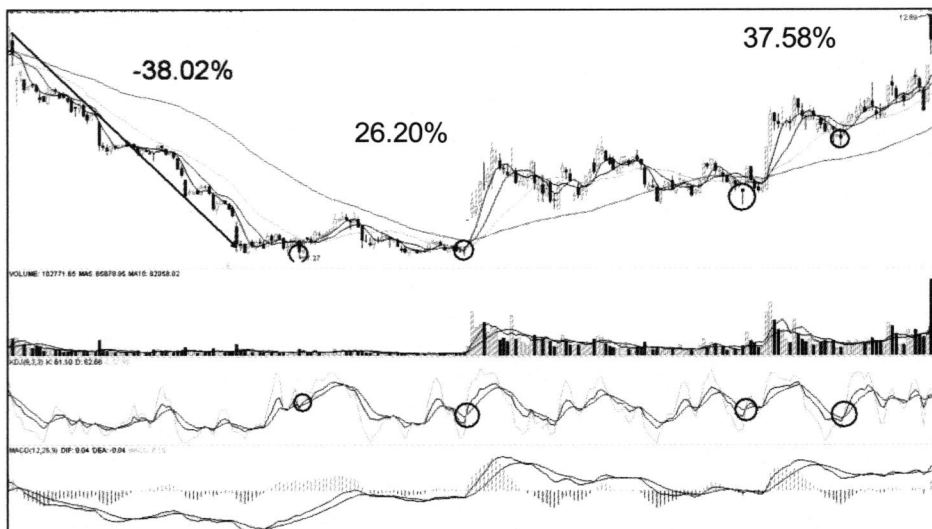

图 4-10　许继电器双杀捕猎点

问题抓住每一个启动细节，穿刺捕猎法抓阶段底部，双杀捕猎法抓阶段主升位置，许继电器（000400）是标准主力双杀捕猎多次操作的资金盘。

三、市场的实战应用点

（1）确认指数趋势位置，选择趋势方向。

（2）股价反复下跌 30% 以上之后，确认穿刺低点位置。

（3）盘中突转大跌趋势 MACD 出现死叉图形。

（4）寻找二次穿刺位置要求高于前低点穿刺价格。

（5）单针（十字星、锤头）图形当日或者次日出现，KDJ指标出现金叉图形。

（一）案例 1

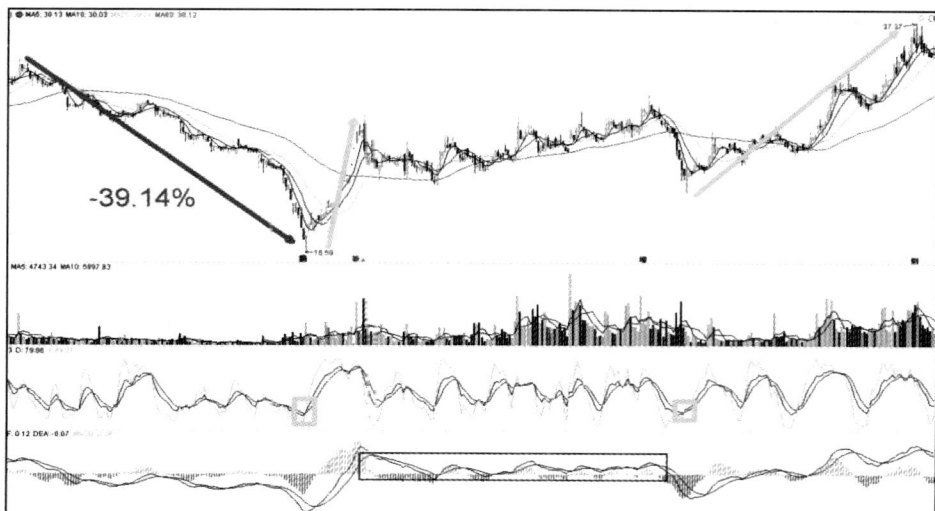

图 4-11　确认点（一）

（二）案例2

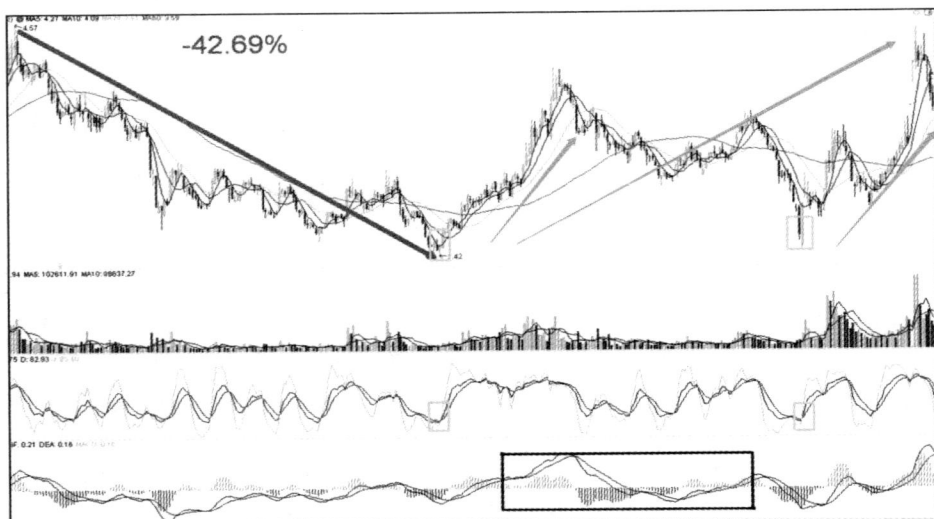

图4-12　确认点（二）

（三）案例3

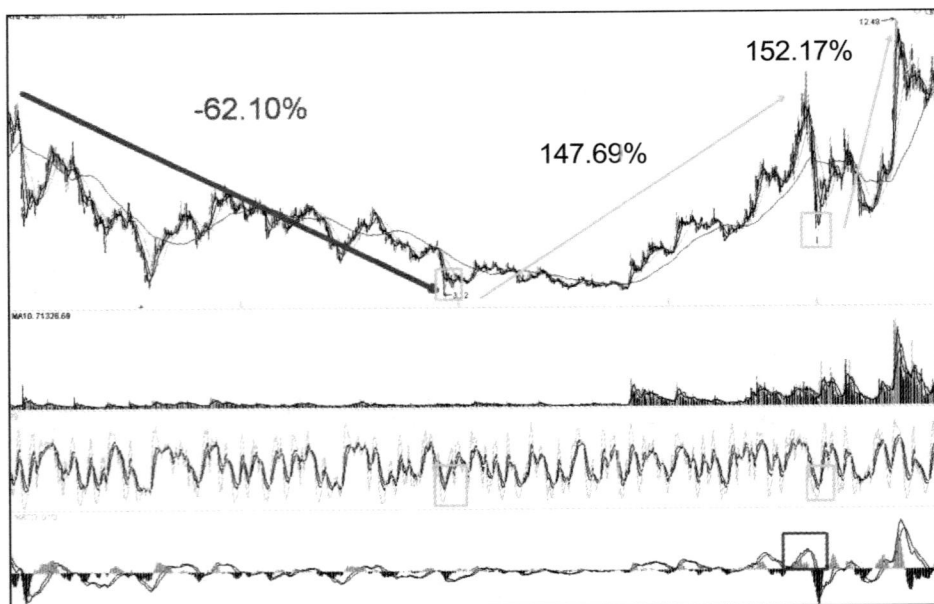

图4-13　正式确认

四、实盘中的多种类型

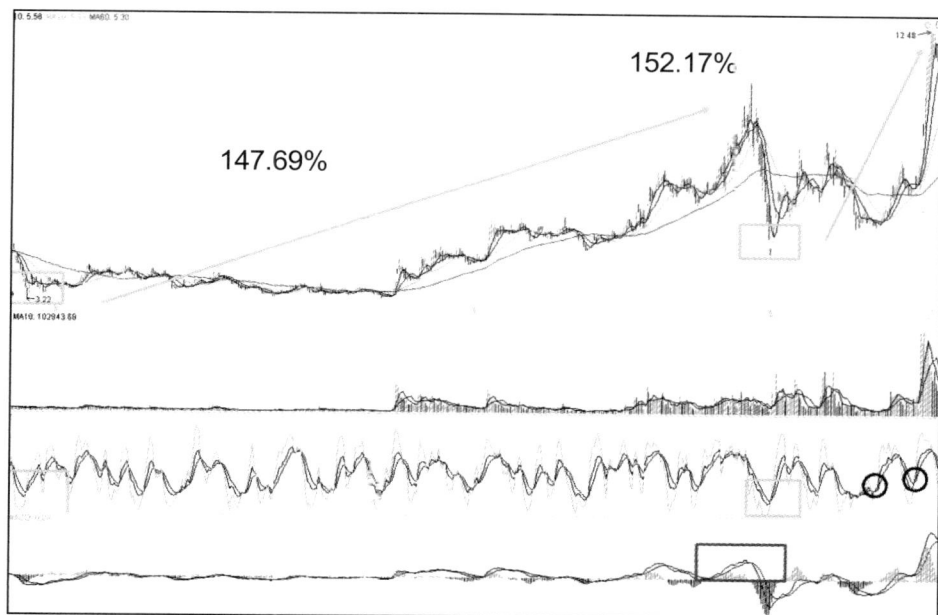

图 4-14　双杀捕猎法——MACD 二次金叉后的 KDJ

　　双杀以后同样要求 MACD 金叉后 KDJ 死叉，但 MACD 保持上升 KDJ 再次金叉位置是二次介入机会，不要单独因为 KDJ 的变化而扰乱市场判断，用中长期时间指标 MACD 保证中短期时间指标 KDJ 的有效性。

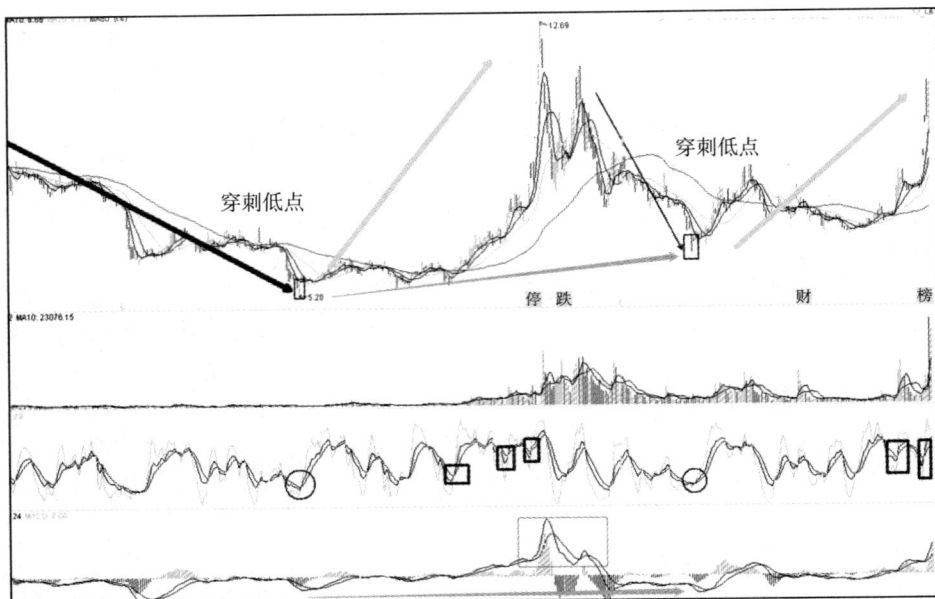

图 4-15 双低点

第五章　三枪定位捕猎法

一、"三枪"的概念

　　三重底是底部比较扎实的类型，也是买入点比较安全的类型，相对于单底和双底而言，三重底有更明显的参照物。三重底相对于其他底部而言也是较为常见的一种底部，超过三重底的底部就较为复杂了。一般来说，第四次探个底部时常常有击破前低的危险。

二、针对实盘的类型

（一）澄星股份（600078）底部"三枪"经典案例

1. 企业档案

公司 1997 年 5 月经中国证券监督管理委员会批准，向社会公开发行人民币普通股 3500 万股，共募集资金 19355 万元。公司股票名称为"鼎球实业"，股票代码为"600078"。

1998 年 12 月 3 日，江苏澄星磷化工集团公司（2001 年 3 月 1 日改制变更为江阴澄星实业集团有限公司，以下简称澄星集团）以协议方式受让实业总公司持有的本公司法人股 3850 万股。受让后，澄星集团持有本公司 3850 万股法人股，占总股本的 29.76%，成为本公司第一大股东。

1999 年，本公司实施了配股，法人股股东中除澄星集团以实物资产认配其所配股份外，其他法人股股东均放弃了配股权，配股后股本总额为 18006.20 万元，其中澄星集团持股 5775 万股，占本公司总股本的 32.07%。

2000 年 12 月，江苏红柳床单集团公司（以下简称红柳集团）以协议方式受让实业总公司等四家单位持有的本公司法人股 3587.5248 万股，本次受让后，红柳集团持有本公司法人股 3587.5248 万股，占总股本的 19.92%，成为本公司第二大股东。

2000 年 12 月，经本公司 2000 年第一次临时股东大会决议，澄星集团以磷化工类资产与本公司所属绢纺和油漆化工类经营性资产进行置换，置换不足部分由澄星集团以现金补足。

2001 年 3 月，本公司更名为"江苏澄星磷化工股份有限公司"，股票名称变更为"澄星股份"，股票代码不变。

2003 年 4 月，本公司向全体社会公众股股东配股 19883016 股，配股价格 8.98 元。

2003 年 10 月，本公司利用资本公积向全体股东每 10 股转增 10 股。

根据 2006 年 10 月 12 日召开的股权分置股东大会决议，本公司非流通股股东向全体流通股股东每 10 股支付 1 股对价以获取流通权。

2007 年 5 月，经中国证券监督管理委员会批准，本公司向社会公开发行可转换公司债券 44000 万元。

截至 2008 年 12 月 31 日，经历次变更后公司的股本总额为 651470808 股。

2．财务信息

财务指标	2019-09-30	2019-06-30	2019-03-31	2018-12-31
审计意见	未经审计	未经审计	未经审计	无保留意见
归属母公司净利润（万）	5305.36	2637.13	819.56	1933.36
净利润增长率（％）	129.52	-2.25	1.56	-78.96
扣非净利润（万）	5488.31	2354.19	773.10	-4336.65
营业总收入（万元）	239437.11	154208.40	77610.11	314647.40
总营收同比增长率（％）	5.52	11.77	17.78	5.16
加权净资产收益率（％）	3.44	1.55	0.48	0.91
资产负债比率（％）	58.39	68.69	72.43	73.67
净利润现金含量（％）	551.36	806.44	1583.41	2604.89
基本每股收益（元）	0.0900	0.0400	0.0100	0.0300
每股收益-扣除（元）	0.0828	0.0400	0.0117	-0.0700
每股收益-摊薄（元）	0.0891	0.0398	0.0124	0.0292
每股资本公积金（元）	0.2191	0.2191	0.2191	0.2191
每股未分配利润（元）	1.1747	1.1254	1.1274	1.0956
每股净资产（元）	2.5303	2.5802	2.5573	2.5499
每股经营现金流量（元）	0.4914	0.3210	0.1959	0.7601

图 5-1 澄星股份财务信息

3．K 线图形

（1）确认趋势低点，价格启动之前发现两个高点位置且有一个明显高点。

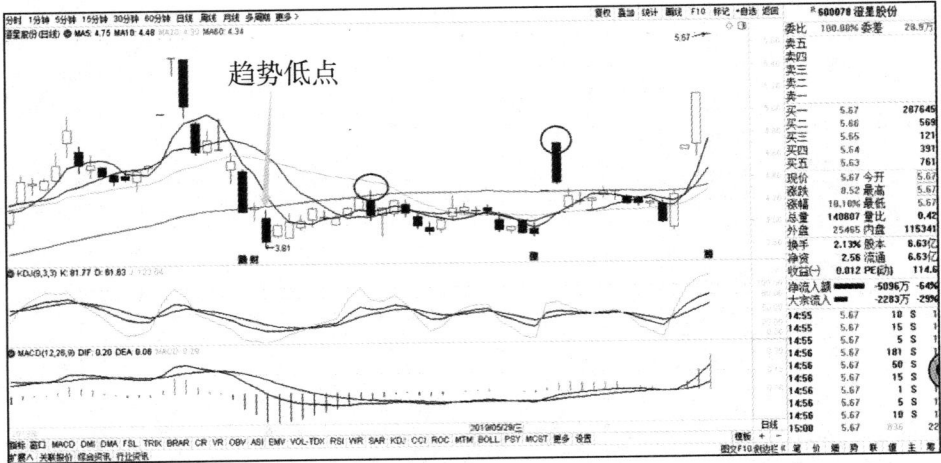

图 5-2　趋势低点

（2）确认三个低点位置，最后一个度部低点价格永远不是最低的点。

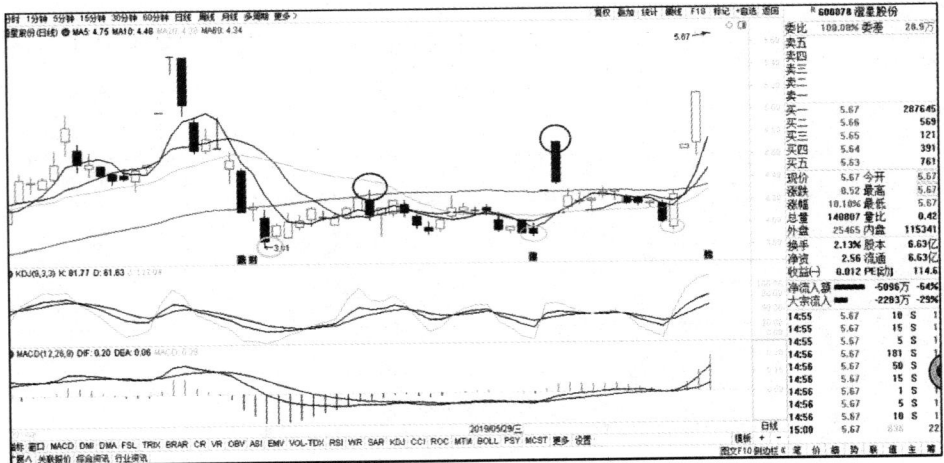

图 5-3　底部低点

（3）三个底部低点数值非常接近，两个低点之间距离不超过一个月。

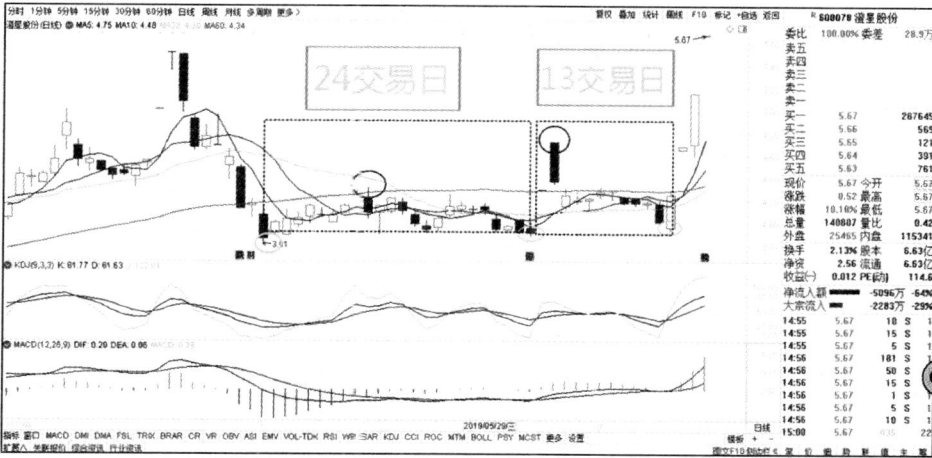

图 5-4　三个底部低点

（4）低点当日或滞后 KDJ 金叉走势，趋势启动前至少两次 KDJ 金叉。

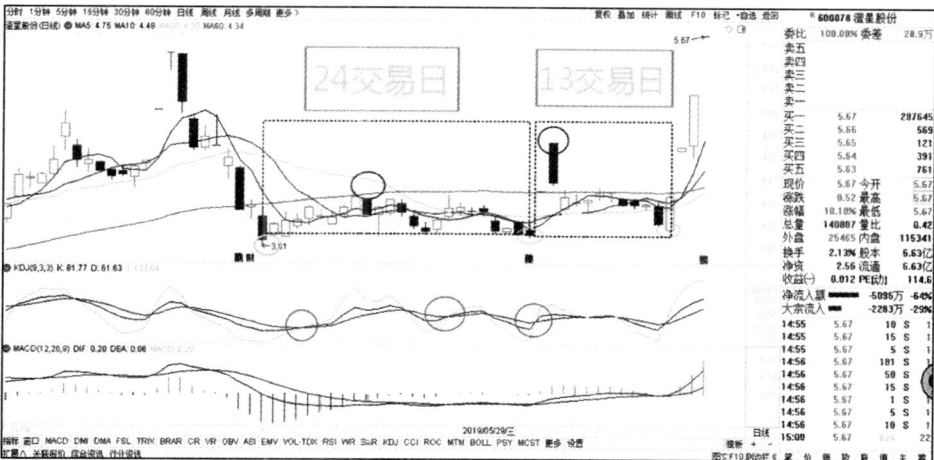

图 5-5　两次 KDJ 金叉

（5）在第三个低点前，MACD 呈现过金叉趋势。

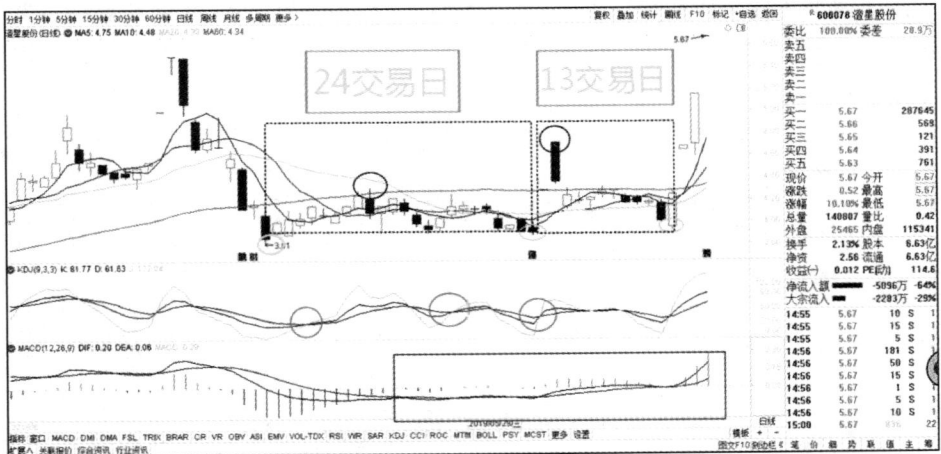

图 5-6　MACD 金叉

（6）当前面条件都满足，第三个低点当日或滞后 KDJ 金叉是市场投资机会。

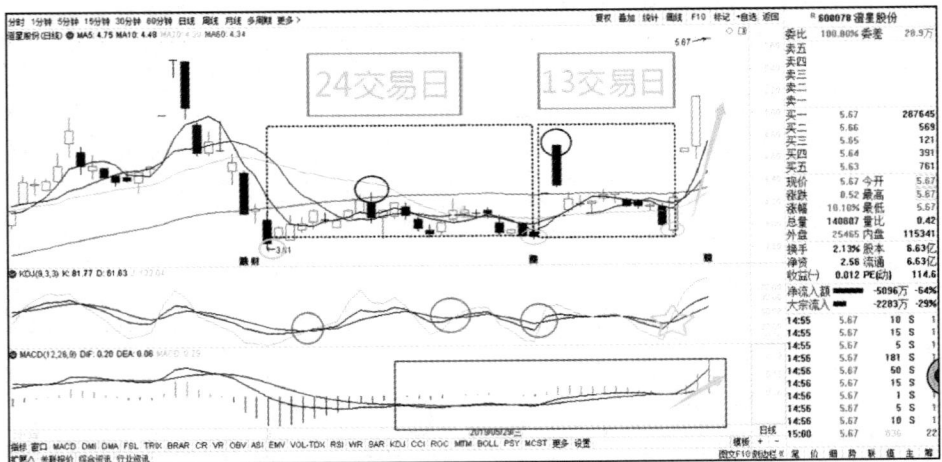

图 5-7　市场投资机会

（7）要求 MACD 金叉，伴随价格走高处于 0 轴之上。

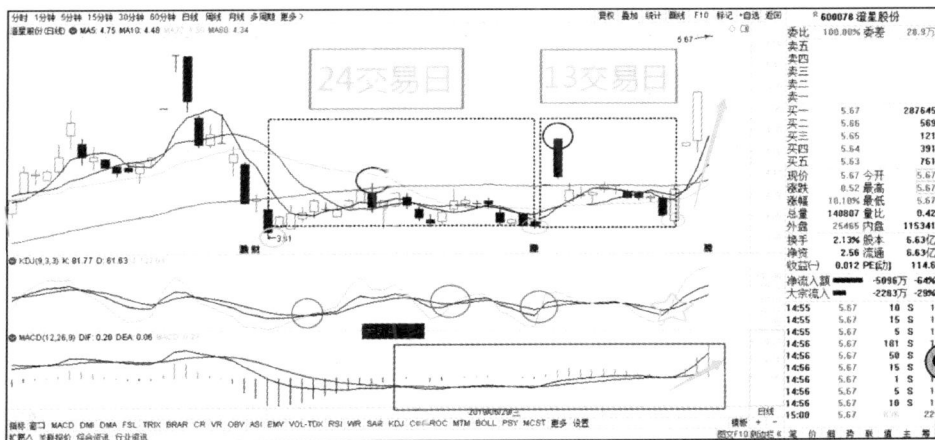

图 5-8 MACD 金叉

三、市场的实战应用点

（1）确认趋势低点，价格启动之前，发现两个高点位置且有一个明显高点。

（2）确认三个低点位置，最后一个底部低点价格永远不是最低的点。

（3）三个底部低点数值非常接近，两个低点之间距离不超过一个月。

（4）低点当日或滞后 KDJ 金叉走势，趋势启动前至少两次 KDJ 金叉。

（5）在第三个低点前，MACD 呈现过金叉走势。

（6）当前面条件都满足，第三个低点当日或滞后 KDJ 金叉是市场投资机会。

（7）要求 MACD 金叉，伴随价格走高处于 0 轴之上。

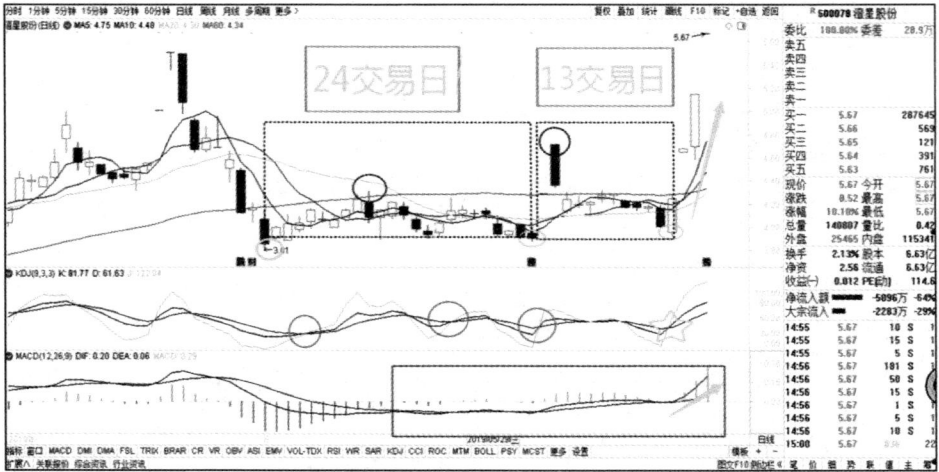

图 5-9　澄星股份走势

四、实盘中的多种类型

　　三枪定位捕猎法是比较复杂细致的操盘方法，难点在于选点位置很多实盘操作中投资者找不到相应位置，根据笔者多年操作总结，一些市场经验，上升中看点不准选择尾部长阳 K 线，下降中看点不准选择尾部长阴 K 线。在尾部长阳 K 线与尾部长阴 K 线中还有多种实盘变形，例如，高低单针或是实体后的高开低开。

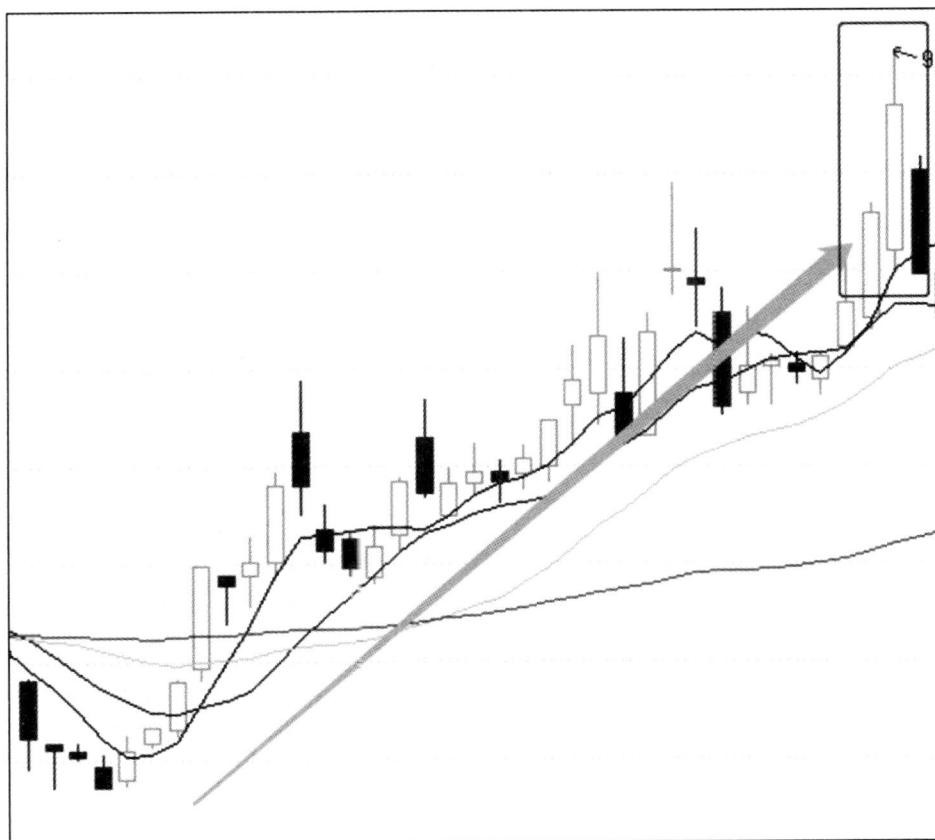

图 5-10　尾部长阳 K 线

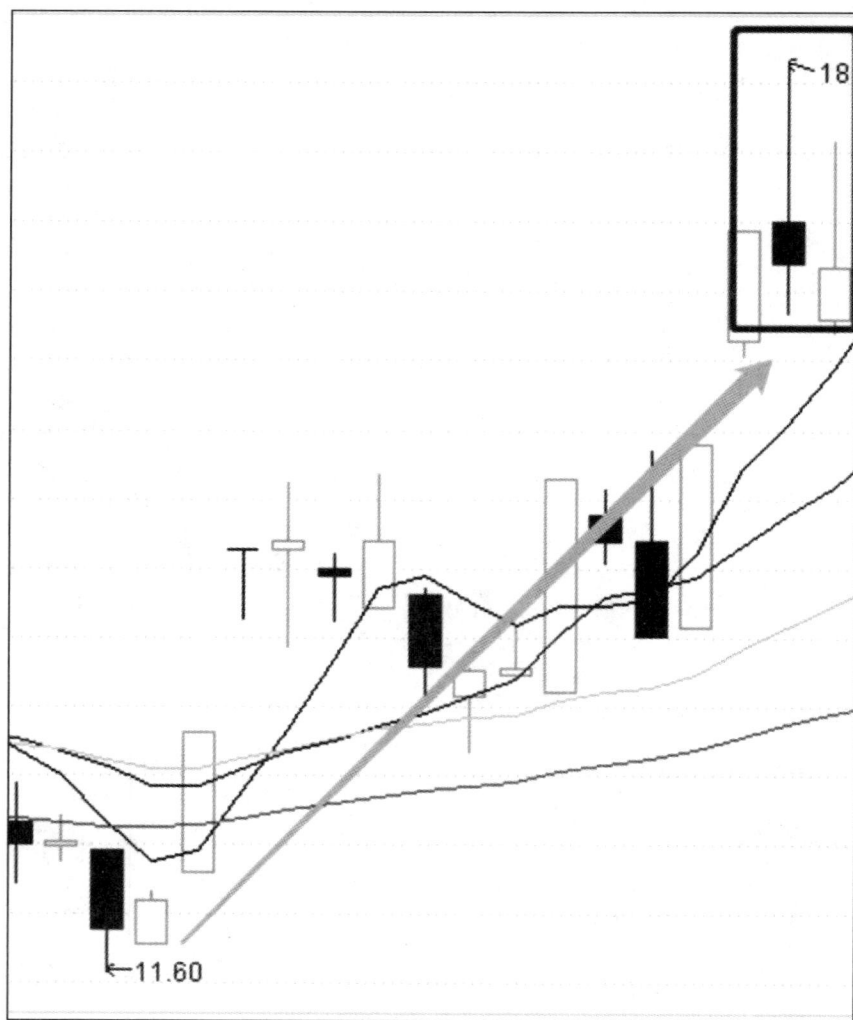

图 5-11　尾部长阳 K 线高位单针

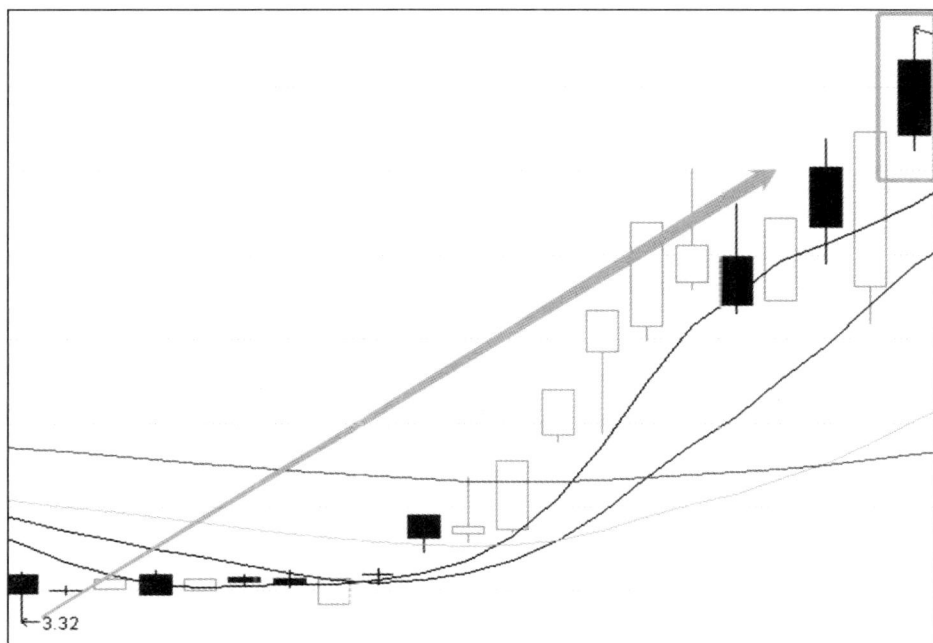

图 5-12　尾部长阳 K 线实体后的高开

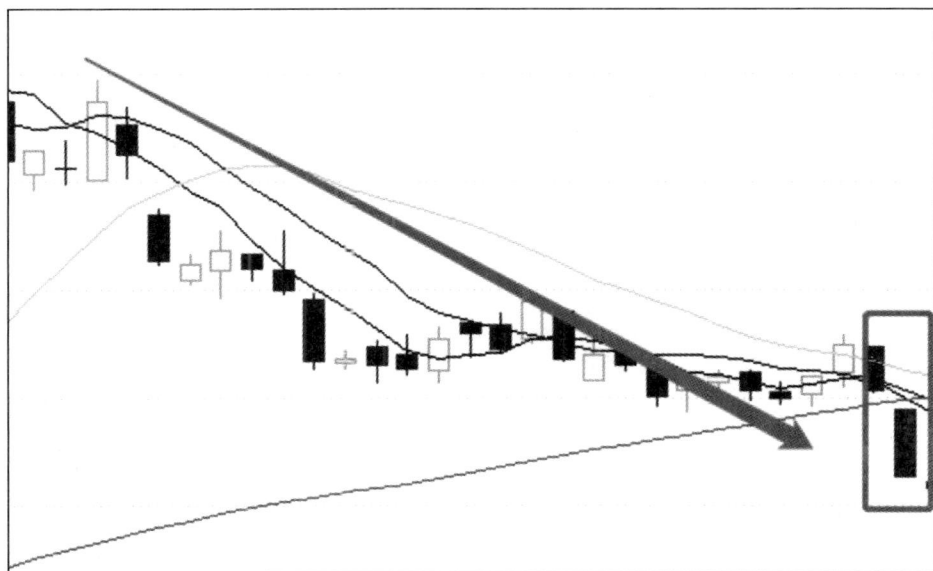

图 5-13　尾部长阴 K 线

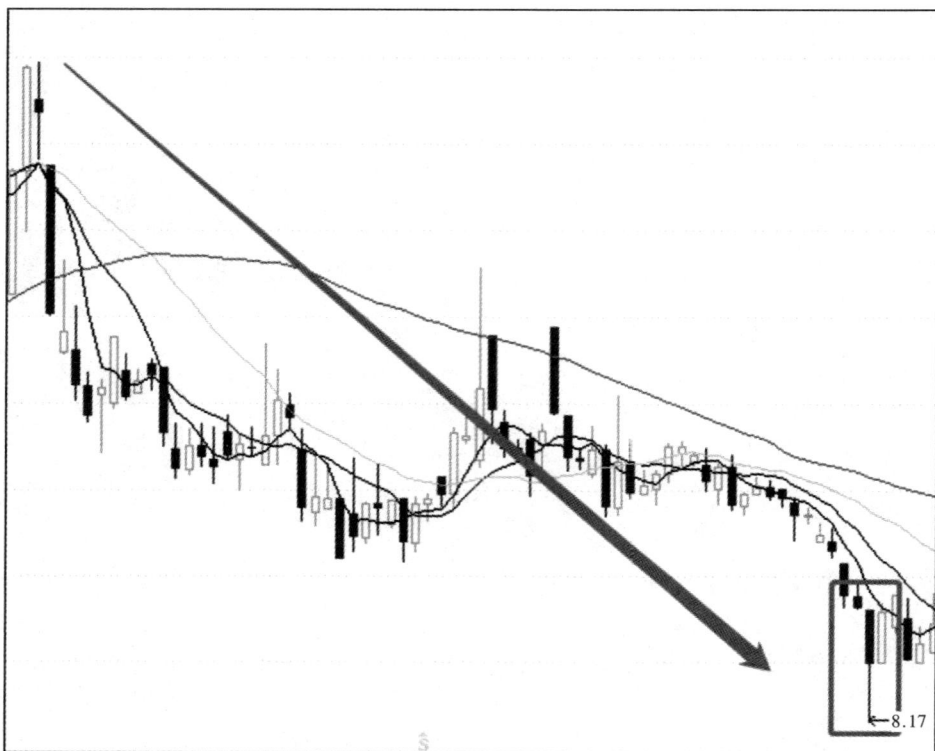

图 5-14 尾部长阴 K 线低位单针

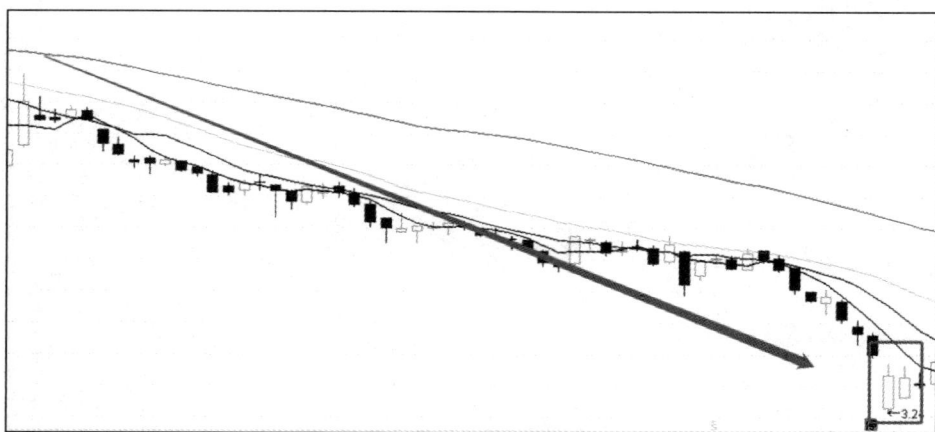

图 5-15 尾部长阴 K 线实体后的低开

第六章　红排骨捕猎法

一、"红排骨"的概念

在前文提到过"连续阳线""连续阴线""连续红量""连续阴量"的技术概念。投资者要知道，强势牛股的K线或成交量是出现连续的，都是主力资金盘的真实操作，是很难作假的。

几乎所有的强势牛股在启动主升浪之前主力都有资金盘洗盘的动作，也就是"陷阱捕猎法"的位置。但是，陷阱底的走势各不相同，有的资金盘吸筹吃货已足，会用手中部分筹码打压价格指数，底部往往出现小阴小阳横盘震荡的走势，但涨起来时多用大阳线强势拉涨K线组合快速拉升突破前高。很多技术都对低点量能关注不够，红排骨捕猎法对量能的要求非常高，是针对量能辨别的重要方法。

二、针对实盘的类型

（一）出版传媒（601999）底部"红排骨"经典案例

1. 企业档案

北方联合出版传媒（集团）股份有限公司在中宣部、国家新闻出版总署和辽宁省委、省政府以及辽宁省文化体制改革工作领导小组的大力支持下，为认真贯彻落实党的十七大提出的加快文化产业基地和区域性特色文化产业群建设，培育大型文化产业骨干企业和战略投资者的要求，加快做强做大，辽宁出版传媒股份有限公司的名称变更为："北方联合出版传媒（集团）股份有限公司"。

公司是由中国最著名的出版集团之一的辽宁出版集团有限公司按照上市公司标准和现代出版产业制度重组改制建立的大型综合性出版传媒公司。公司是中国出版业体制、机制改革和科技创新的引领者，产业的经营质量、资产质量和效益水平在全国出版业领先，被誉为"中国出版传媒第一股"。

公司是中央文化体制改革试点确定的国内第一家上市试点出版企业，是中国内地第一家实现编辑业务和经营业务整体上市，具有内容传媒概念的出版公司。公司以"由单一纸介质媒体向跨地区、跨行业的综合媒体转变；由传统的产业经营向资本运营转变；由以书养书的增长方式向战略投资转变，由内生性增长向内生性增长与外延性扩张相结合的发展方式转变"为发展战略，以"导向正确、主业突出、品牌名优，在国内有综合实力，在国际有良好形象"为目标，对业务结构、经营模式、内控系统、投资决策等进行了全面的规范，架构起对中国出版业具有全行业创新性探索和突破性意义的产业运作和管理体系。

2. 财务信息

财务指标	2019-09-30	2019-06-30	2019-03-31	2018-12-31
审计意见	未经审计	未经审计	未经审计	无保留意见
归属母公司净利润（万）	10040.92	5384.28	1871.05	17732.86
净利润增长率（%）	−17.23	−15.12	1.34	10.09
扣非净利润（万）	6165.83	2955.42	775.27	4941.26
营业总收入（万元）	194067.77	121419.53	64210.79	233800.76
总营收同比增长率（%）	12.88	14.43	20.43	21.08
加权净资产收益率（%）	4.55	2.43	0.85	8.35
资产负债比率（%）	40.69	36.79	36.92	34.56
净利润现金含量（%）	−46.34	−328.31	−1174.19	−54.51
基本每股收益（元）	0.1800	0.1000	0.0300	0.3200
每股收益-扣除（元）	0.1119	0.0500	0.0141	0.0900
每股收益-摊薄（元）	0.1823	0.0977	0.0340	0.3219
每股资本公积金（元）	0.9521	0.9521	0.9521	0.9521
每股未分配利润（元）	1.7859	1.8114	1.7476	1.7137
每股净资产（元）	4.0429	4.0679	4.0045	3.9703
每股经营现金流量（元）	−0.0845	−0.3209	−0.3988	−0.1755

图 6-1　出版传媒财务信息

3. K 线图形

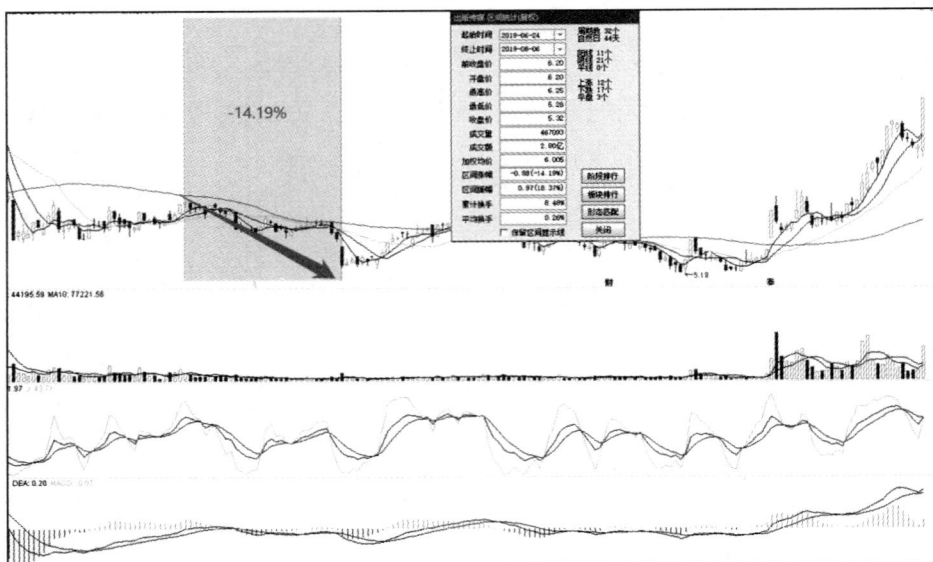

图 6-2　出版传媒 K 线

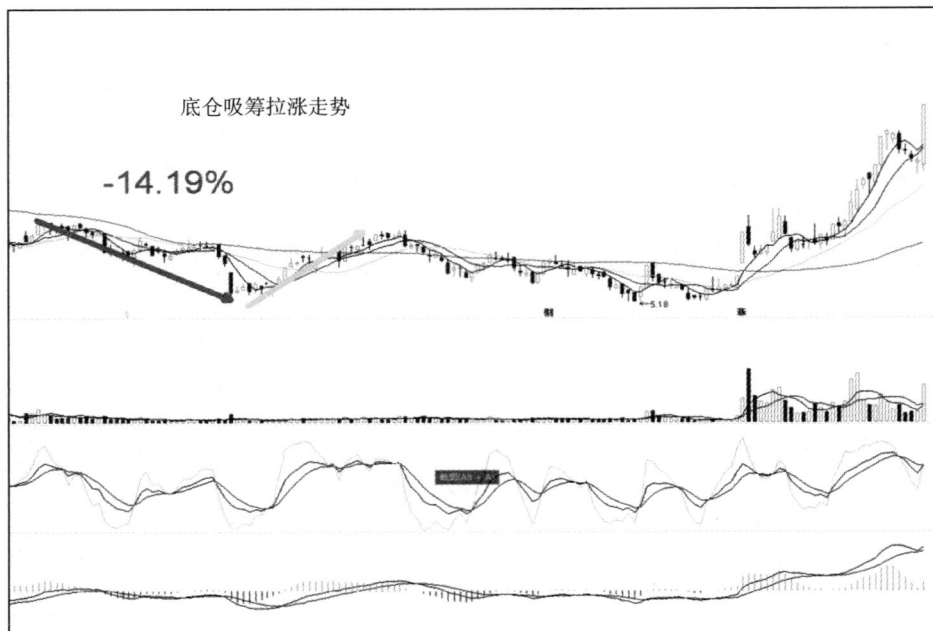

图 6-3　出版传媒走势

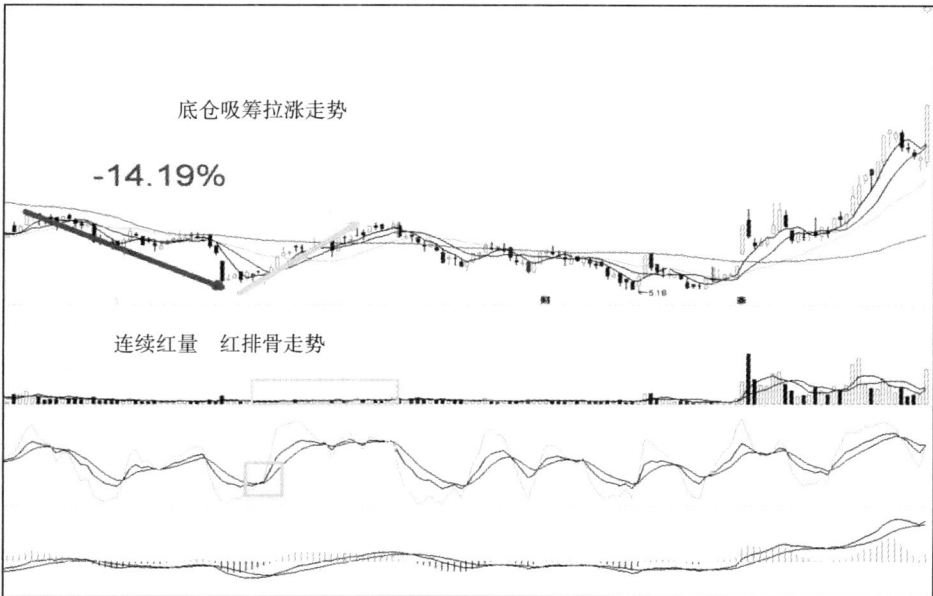

底仓吸筹拉涨走势

-14.19%

连续红量 红排骨走势

图 6-4 KDJ 金叉

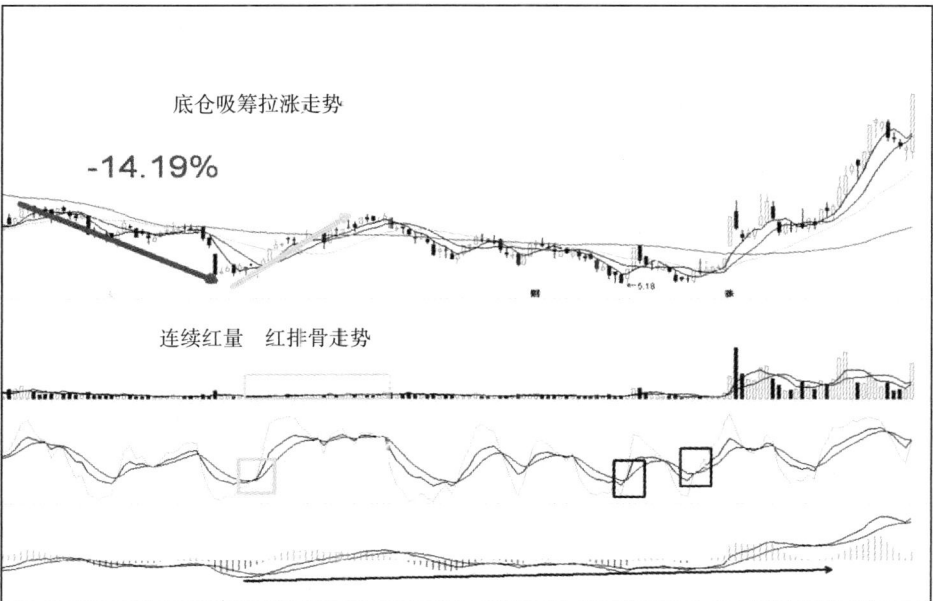

底仓吸筹拉涨走势

-14.19%

连续红量 红排骨走势

图 6-5 MACD 持续走势

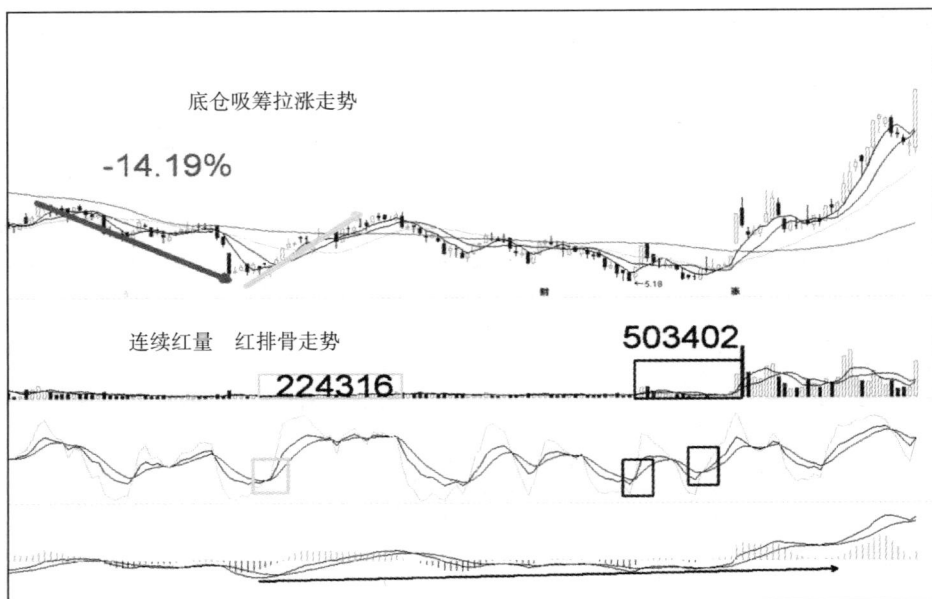

底仓吸筹拉涨走势

-14.19%

连续红量　红排骨走势

503402

224316

图 6-6　启动

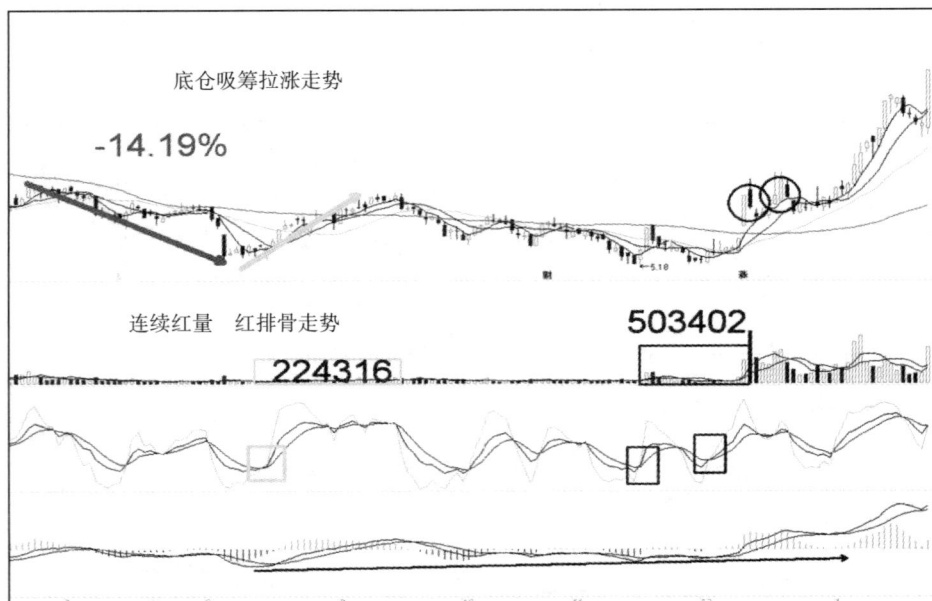

底仓吸筹拉涨走势

-14.19%

连续红量　红排骨走势

503402

224316

图 6-7　完整走势

（二）模塑科技（000700）底部"红排骨"经典案例

1. 企业档案

江南模塑科技股份有限公司地处江南水秀之乡——江苏省江阴市周庄镇。公司占地面积约 50 万平方米，建筑面积约 20 万平方米，共有员工 1500 余人。公司成立于 1988 年 6 月，1997 年 2 月 28 日在深圳证券交易所挂牌交易，股票代码 000700，主要从事汽车保险杠等零部件、塑料制品、模具、模塑高科技产品的开发、生产和销售，公司年汽车保险杠生产能力达 160 万套，是中国最大的汽车外饰件系统服务供应商。

在历经 20 多年的风雨洗礼中，模塑科技秉承"低成本、大规模、高速度"的发展理念，引进大批高学历、高技术人才。公司凭借世界一流的生产设备，完善的信息服务系统，强大的生产能力，健全的技术创新运行机制已成为上海通用、上海大众等众多知名品牌公司的定点厂商。

参股的企业：无锡市商业银行、江苏江南水务股份有限公司、江阴米拉克龙塑料机械有限公司、江阴精力机械有限公司等。

模塑科技主要产品：保险杠、仪表板、扰流板、防擦条、门槛条等汽车内外饰件产品。

通过资源的整合，公司可以提供：大型模具的产品开发、制造和服务；汽车内饰件的产品开发、制造和服务；电镀产品的产品开发、制造和服务；汽车灯具的产品开发、制造和服务；导流板的产品开发、制造和服务；检具、夹具等小型专用机电设备的开发、制造和服务；小型冲压件的产品开发、制造和服务。

2. 财务信息

财务指标	2019-09-30	2019-06-30	2019-03-31	2018-12-31
审计意见	未经审计	未经审计	未经审计	无保留意见
归属母公司净利润（万）	8940.37	5958.31	6091.00	1099.84
净利润增长率（%）	1049.37	349.47	467.43	-91.82
扣非净利润（万）	3885.07	-1398.23	-650.29	-15493.53
营业总收入（万元）	393336.34	252358.33	128689.94	496564.74
总营收同比增长率（%）	9.29	11.99	22.19	14.41
加权净资产收益率（%）	3.78	2.52	2.60	0.41
资产负债比率（%）	70.12	68.73	68.64	68.53
净利润现金含量（%）	56.51	-15.31	-129.08	-133.23
基本每股收益（元）	0.1081	0.0720	0.0736	0.0120
每股收益-扣除（元）	0.0470	-0.0170	-0.0079	-0.1880
每股收益-摊薄（元）	0.1081	0.0720	0.0736	0.0133
每股资本公积金（元）	0.0000	0.0000	0.0000	0.0000
每股未分配利润（元）	1.5711	1.6651	1.6667	1.2290
每股净资产（元）	2.6731	2.7418	2.6996	2.6412
每股经营现金流量（元）	0.0611	-0.0110	-0.0951	-0.0177

图 6-8 模塑科技财务信息

3. K 线图形

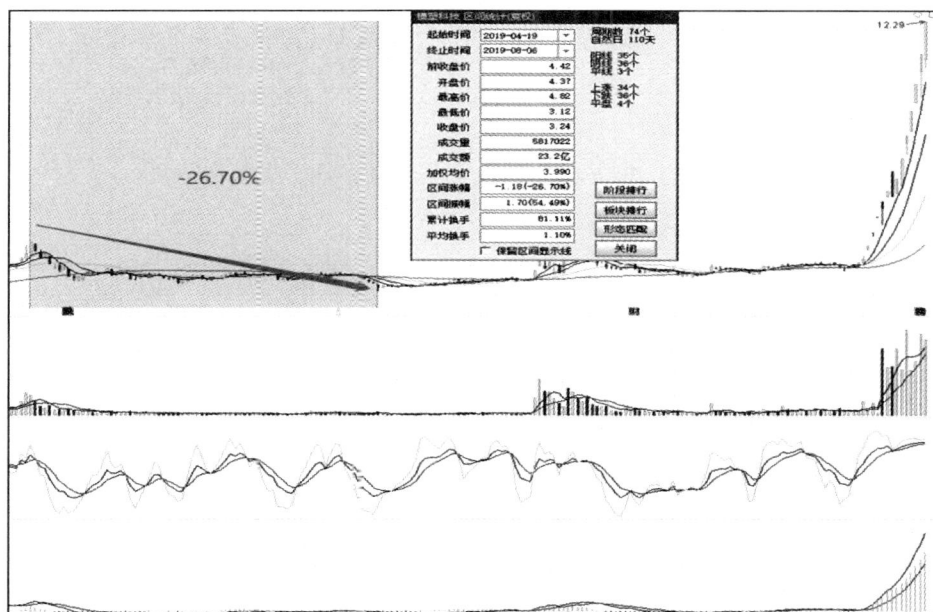

图 6-9 模塑科技 K 线

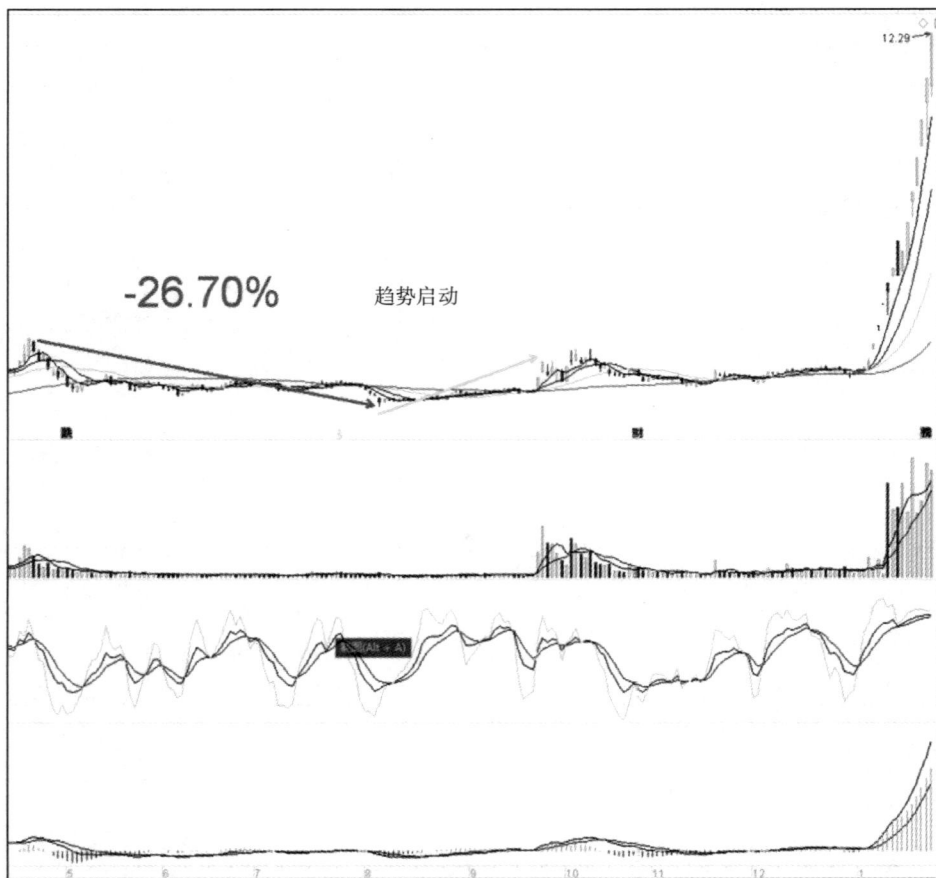

图 6-10　趋势启动

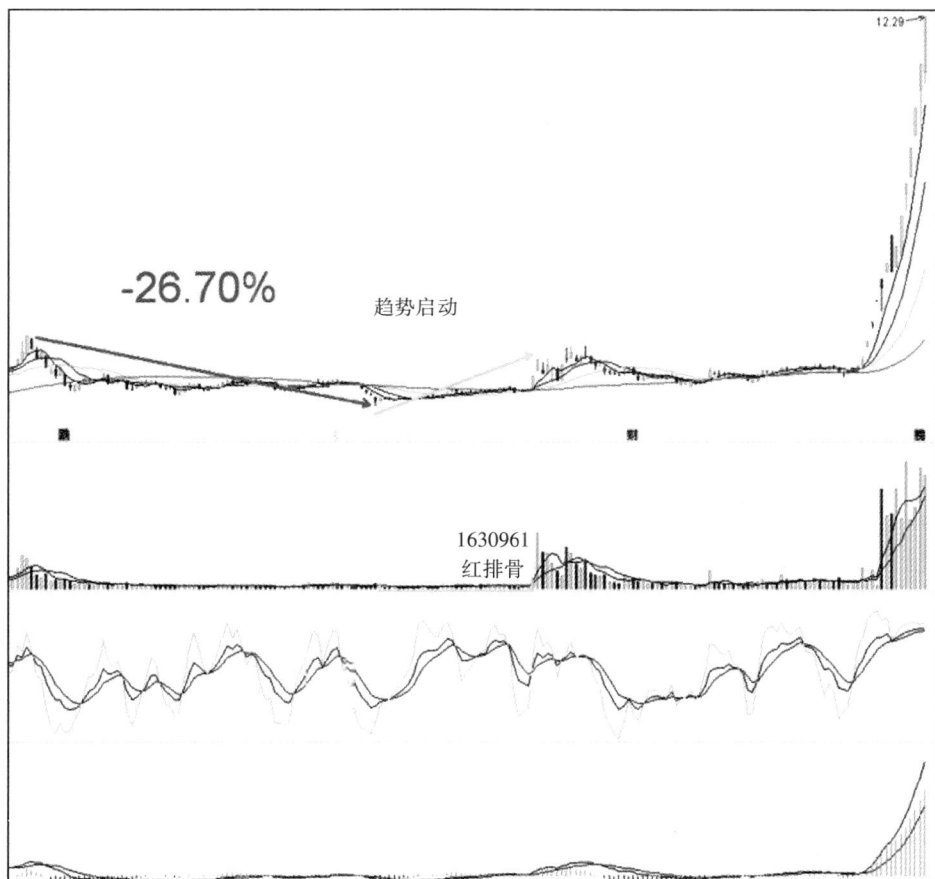

图 6-11 红排骨走势

-26.70%

趋势启动

12.29

1630961
红排骨

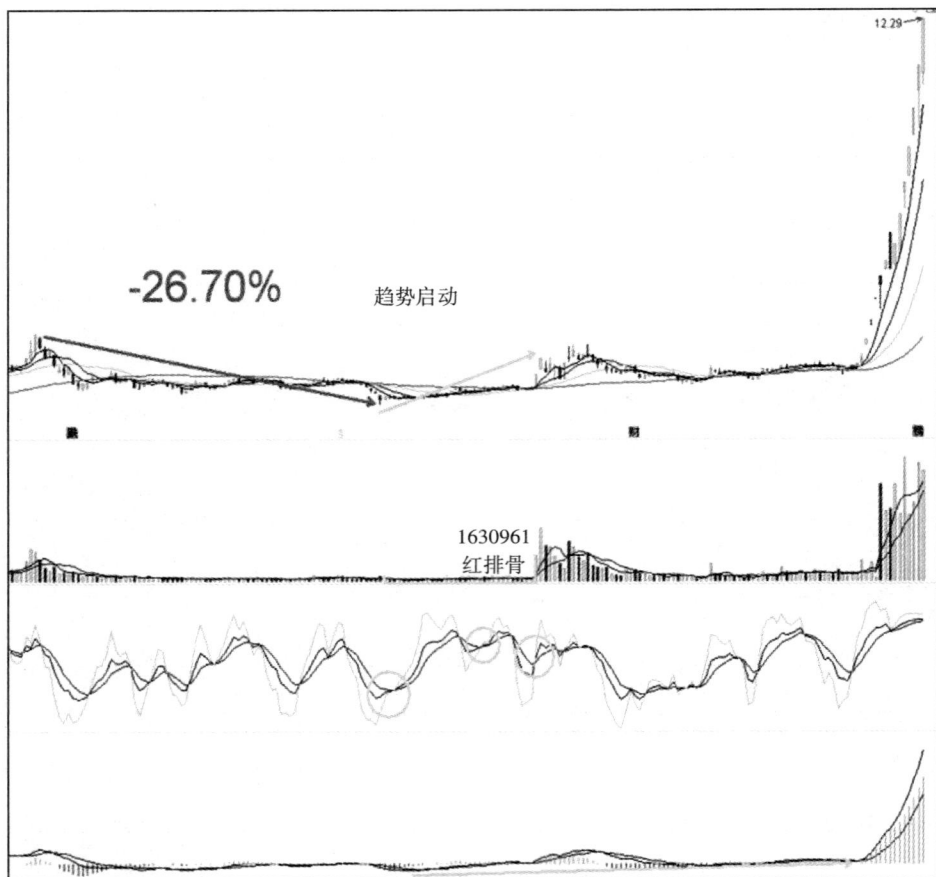

图 6-12　MACD 走高

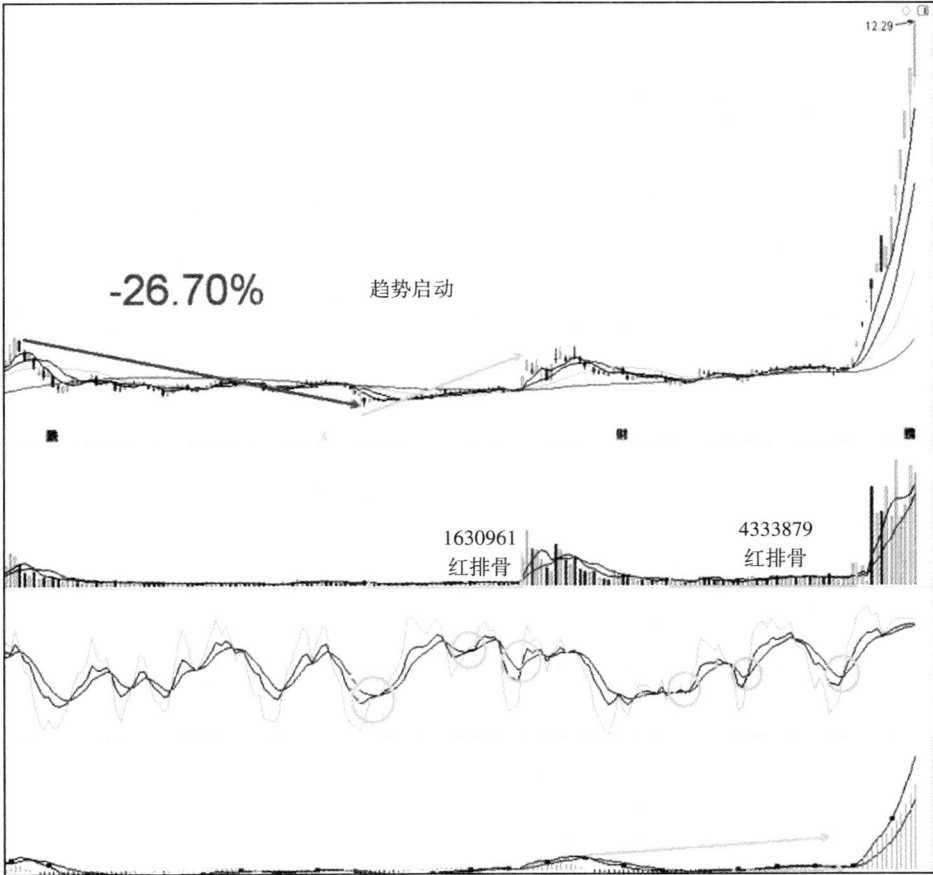

-26.70%

趋势启动

1630961
红排骨

4333879
红排骨

12.29

图 6-13 启动红星

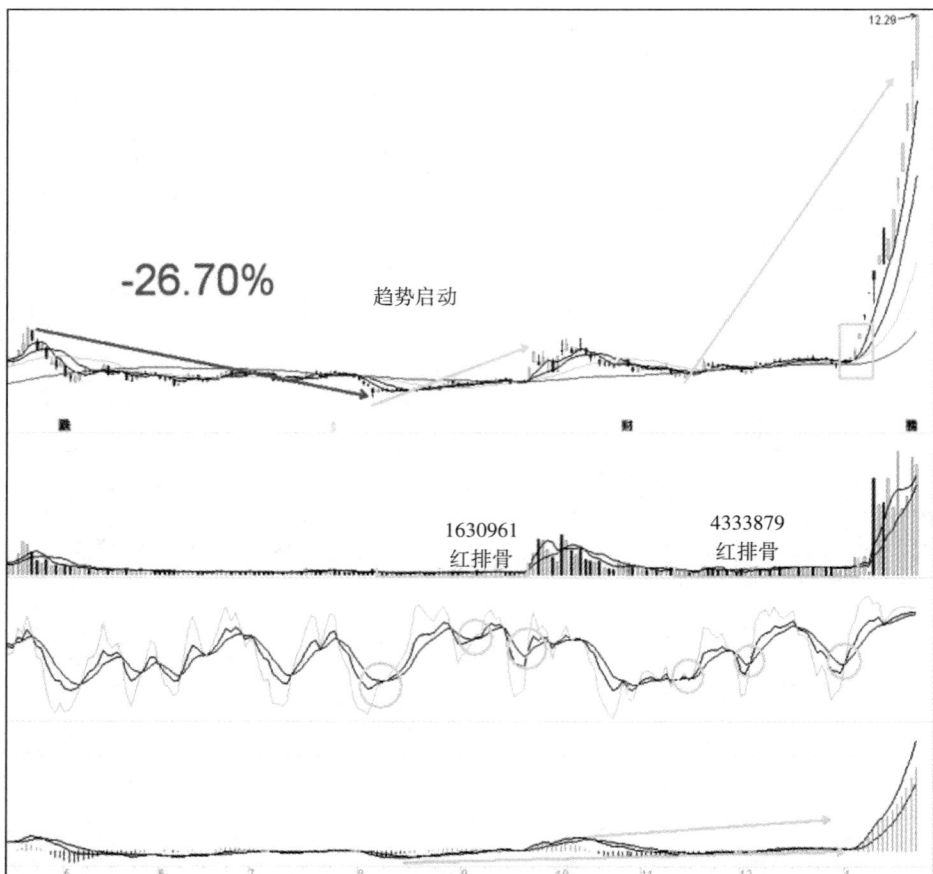

图 6-14　走势初显

三、市场的实战应用点

（1）深度不能太深，低点和高点的距离在 30%以内。

（2）主力在启动主升浪前，底仓吸筹拉涨走势。

（3）KDJ 金叉以后出现连续红量，红排骨走势。

（4）价格回落 KDJ 无论怎么变化 MACD 持续走高。

（5）启动之前红色排骨均量大于头一波启动红量。

（6）"第一根放量阳线" 和 "突破平台调整浪高点"。

（7）"突破高点价格处" 成交量 0.618 比例关系最为精彩。

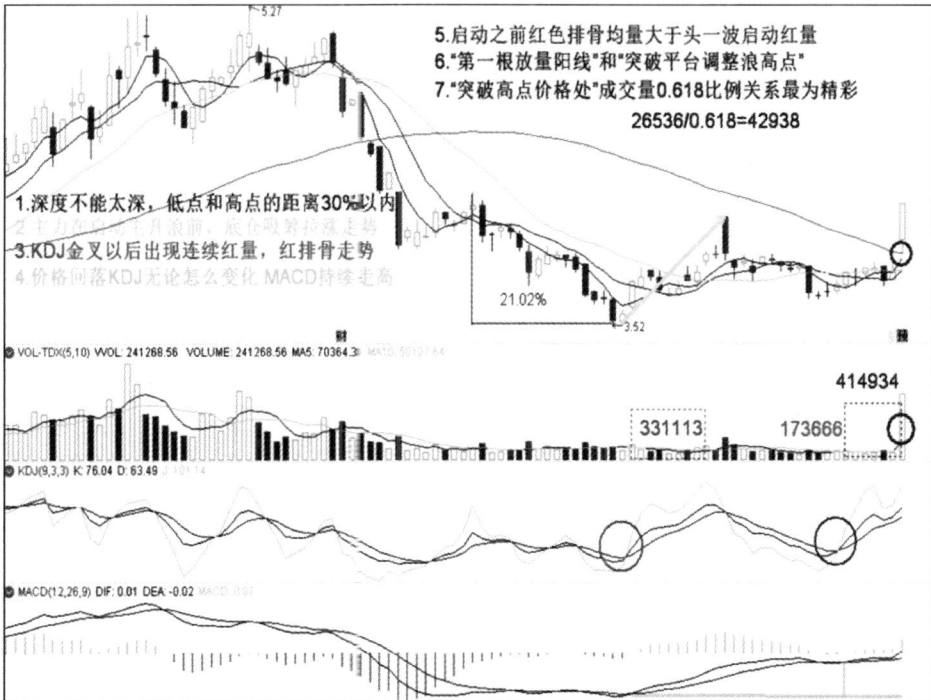

图 6-15　完整 K 线走势

四、实盘中的多种类型

红排骨捕猎法—陷阱捕猎法对比：

"陷阱捕猎法" 强调的是 K 线的形态，比如 "连续阴线打压"。

　　"涨停或大阳线组合拉升"，对量能的要求是不高的，且在坑底不要求出现"连续红量"；而红排骨捕猎法对量能的要求非常高，这与"陷阱捕猎法"有明显不同之处。

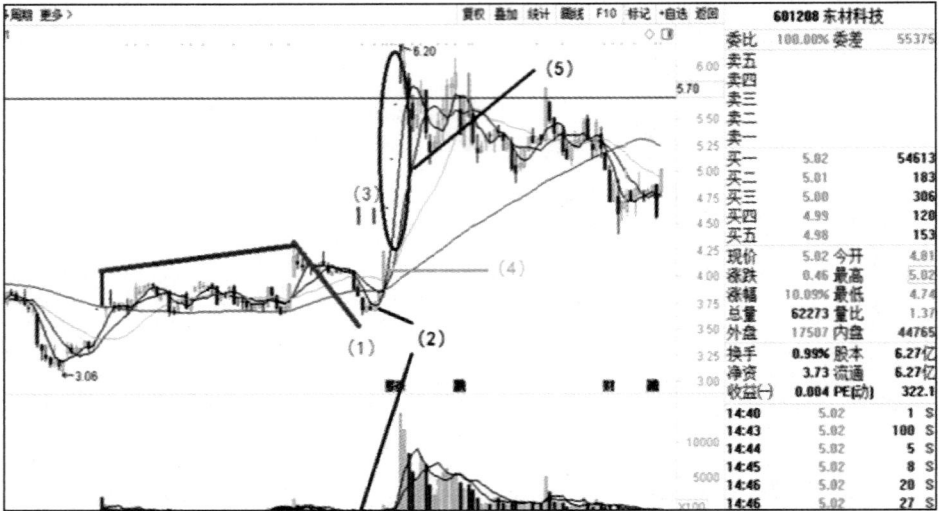

乔纳森陷阱捕猎法则：
①上涨初期突然出现洗盘陷阱（锐角）
②股价在陷阱底部缩量调整，窄幅波动（10%左右不大于15%）
③陷阱底部调整时间越短越好
④陷阱底右侧出现放量大阳或涨停板
⑤股价以涨停板和大阳接力连续上攻
（盘子不能重）

图6-16　方法对比

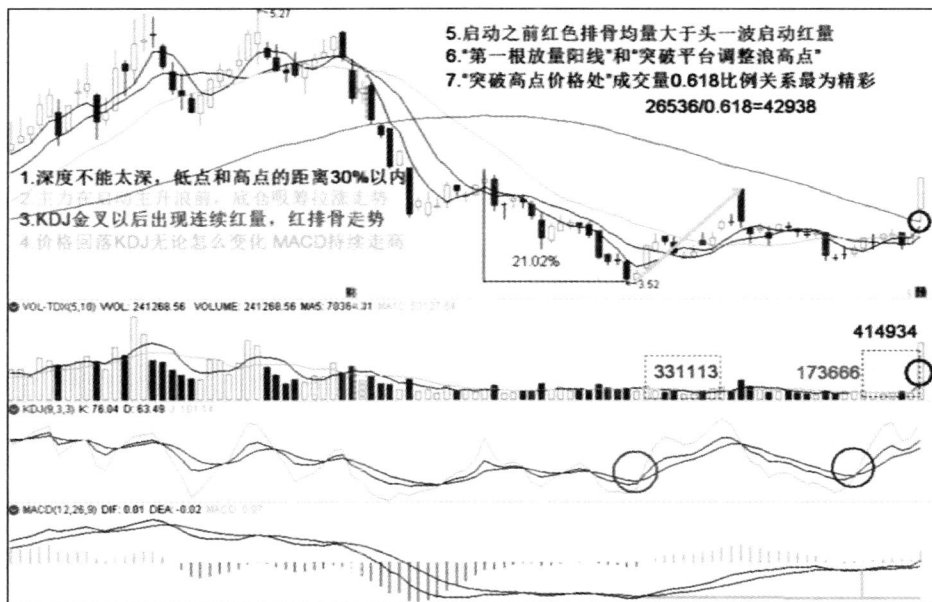

红排骨捕猎法则：

①深度不能太深，低点和高点的距离 30%以内

②主力在启动主升浪前，底仓吸筹拉豪走势

③KDJ 金叉以后出现连续红量，红排骨走势

④价格回落 KDJ 无论怎么变化 MACD 持续走高

⑤启动之前红色排骨均量大于头一波启动红量

⑥ "第一根放量阳线"和"突破平台调整浪高点"

⑦ "突破高点价格处"成交量 0.618 比例关系最为精彩

图 6-16 方法对比（续图）

第七章　乘风捕猎法

一、"乘风"的概念

　　MACD 是市场中多用的技术指标，投资者在学习中不能只看"金叉""死叉""背离""背驰"这些基本的操纵点，首先，要知道 MACD 是中长期时间指标，在低位低价震荡的股票中投资者担心是否有主力介入就可从 MACD 中辨别。其次，要知道中长期时间指标的概念。是资金盘介入的时间和持续力度，在低位低价找到了有效资金盘介入，找到启动机会并且主力有持续的能量拉涨股价，这样的投资才可以做到放心安心。

二、针对实盘的类型

（一）北京君正（300223）"乘风"经典案例

1. 企业档案

北京君正集成电路股份有限公司成立于 2005 年，由国产微处理器的最早倡导者在业内著名风投资金的支持下发起，致力于研制自主创新 CPU 技术和产品，目前已发展成为一家国内外领先的嵌入式 CPU 芯片及解决方案提供商。

北京君正拥有全球领先的嵌入式 CPU 技术和低功耗技术。针对移动产品的特点，北京君正创造性地推出了其独特的 MIPS32 兼容的微处理器技术 XBurst。XBurst 技术采用了创新的微体系结构，微处理器能够在极低的功耗下高速发射指令，其主频、多媒体性能、面积和功耗均领先于工业界现有的 32 位 RISC 微处理器内核。

基于 XBurst CPU 内核的 JZ47xx 系列微处理器芯片自 2007 年初以来，凭借其优异的性价比、强劲的多媒体处理能力和超低功耗优势，迅速在生物识别、教育电子、多媒体播放器、电子书、平板电脑等领域得到大量应用，几年的时间里出货量达到几千万颗。JZ47xx 系列芯片产品已成为我国芯片领域出货量较大、应用领域较广的自主创新微处理器产品。

同时，公司针对可穿戴式和智能设备市场推出 M 系列芯片，并针对智能手表、智能眼镜等推出了一揽子解决方案，帮助客户快速地研发产品并推向市场。依赖于君正自主设计极具竞争优势的超低功耗 CPU 技术，多年积累的软硬件解决方案开发能力，以及本土化的技术支持，北京君正将会给可穿戴式和智能设备市场注入更大的发展活力。

2. 财务信息

财务指标	2019-09-30	2019-06-30	2019-03-31	2018-12-31
审计意见	未经审计	未经审计	未经审计	无保留意见
归属母公司净利润（万）	6491.81	3696.18	245.26	1351.54
净利润增长率（%）	212.20	211.61	-17.37	107.89
扣非净利润（万）	2309.00	1239.60	-295.65	-2076.22
营业总收入（万元）	24090.41	14397.96	4899.98	25967.01
总营收同比增长率（%）	50.12	40.30	25.03	40.77
加权净资产收益率（%）	5.49	3.17	0.21	1.19
资产负债比率（%）	3.47	4.24	4.46	4.68
净利润现金含量（%）	16.95	59.25	-459.00	269.11
基本每股收益（元）	0.3229	0.1839	0.0122	0.0674
每股收益-扣除（元）	0.1147	0.0617	-0.0147	-0.1035
每股收益-摊薄（元）	0.3225	0.1836	0.0122	0.0674
每股资本公积金（元）	3.7772	3.7076	3.7057	3.6520
每股未分配利润（元）	1.1789	1.0400	0.8757	0.8634
每股净资产（元）	6.1642	5.9318	5.7947	5.6907
每股经营现金流量（元）	0.0547	0.1088	-0.0561	0.1813

图 7-1 北京君正财务信息

3. K 线图形

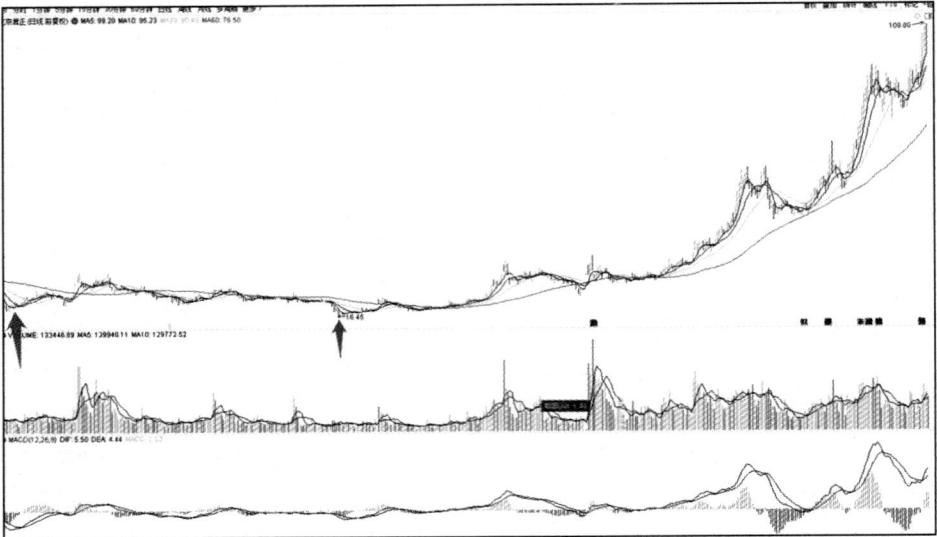

图 7-2　价格低点

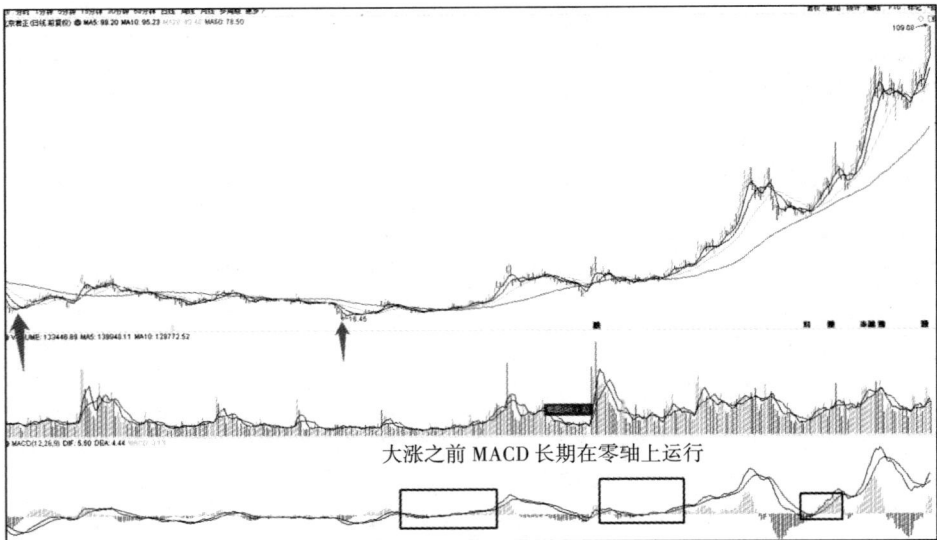

大涨之前 MACD 长期在零轴上运行

图 7-3　零轴运行

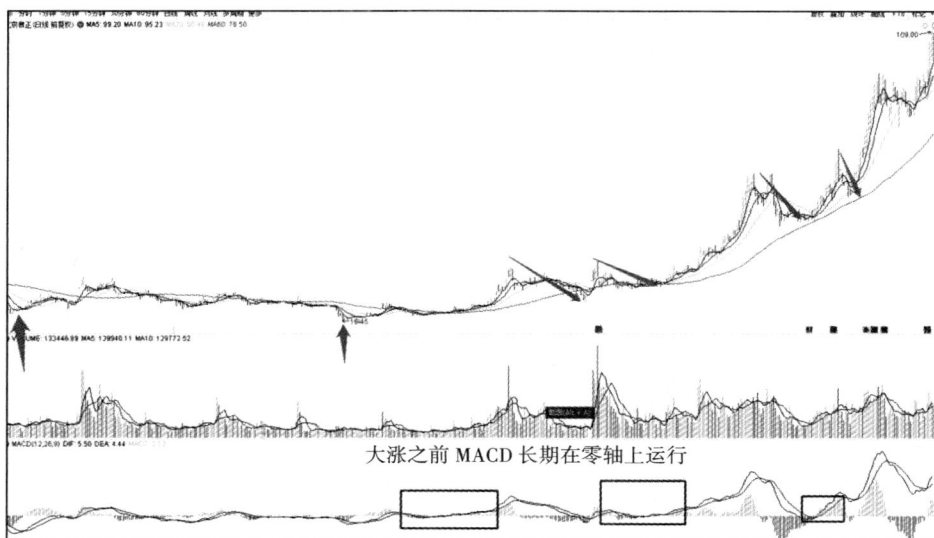

大涨之前 MACD 长期在零轴上运行

图 7-4　短期调整

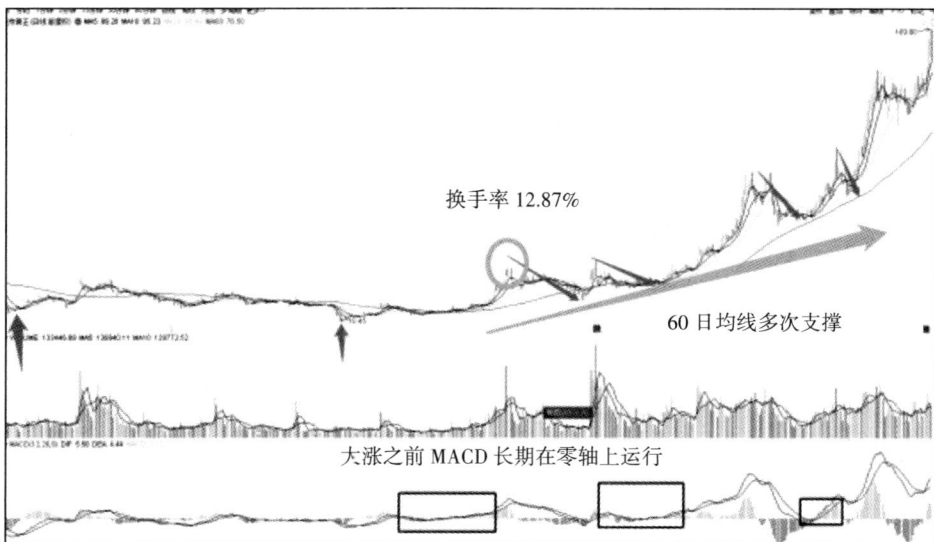

换手率 12.87%

60 日均线多次支撑

大涨之前 MACD 长期在零轴上运行

图 7-5　换手率

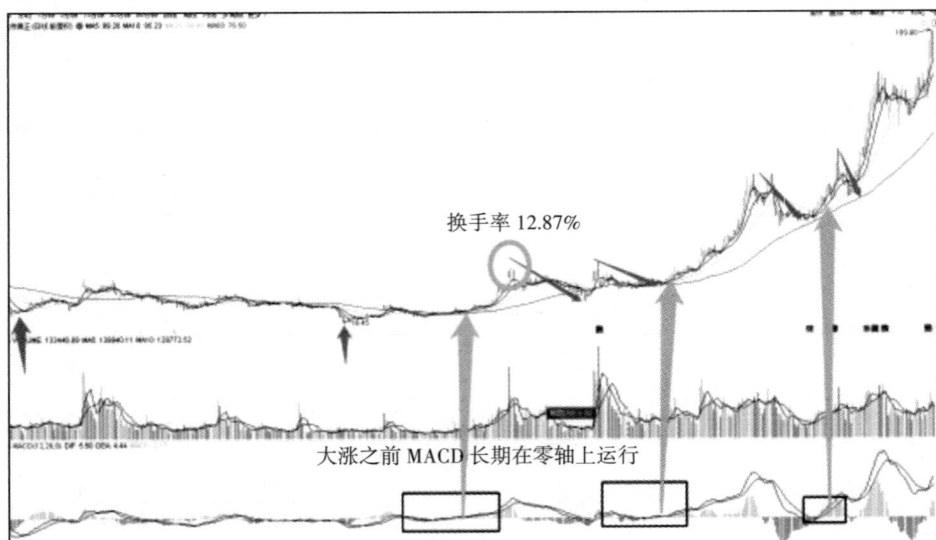

换手率 12.87%

大涨之前 MACD 长期在零轴上运行

图 7-6　MACD 金叉

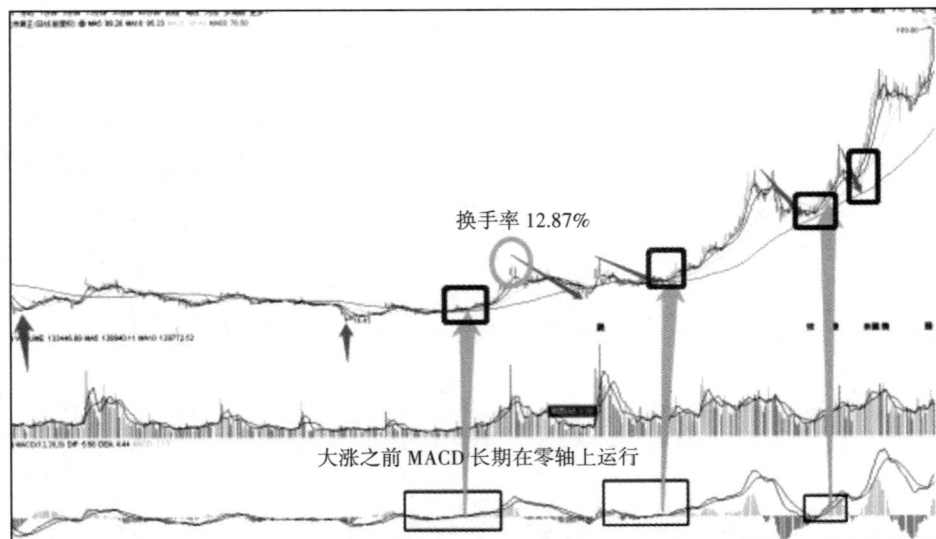

换手率 12.87%

大涨之前 MACD 长期在零轴上运行

图 7-7　波段操低位置

（二）江苏吴中（600200）"乘风"经典案例

1. 企业档案

江苏吴中实业股份有限公司成立于1994年，现有总股本62370万股，由江苏吴中集团有限公司控股。1999年4月1日，公司A股在上海证券交易所上市。由于公司前身为普教系统校办企业，上市时被誉为"中国普教第一股"，是一家高科技、成长型上市公司。2000年公司被江苏省科委认定为高新技术企业，2001年被国家科技部火炬中心认定为火炬计划重点高新技术企业，公司曾被评为"江苏省十佳上市公司"。

许可经营项目：房地产开发、经营；原料药、输液剂、注射剂、冻干针剂、片剂、硬胶囊剂、栓剂制造、销售（限指定的分支机构领取许可证后经营）。一般经营项目：服装、工艺美术品（金银制品除外）、不锈钢制品、照相器材、皮革及制品、箱包的制造、销售、国内贸易（国家有专项规定的办理许可证后经营）。企业自产的服装、绣什品、床上用品、工艺美术品、不锈钢制品、药品、原料药、箱包、皮革及制品出口业务，企业生产、科研所需的原辅材料、机械设备、仪器仪表、零配件进口业务。主营业务：服装和医药。

2. 财务信息

财务指标	2019-09-30	2019-06-30	2019-03-31	2018-12-31
审计意见	未经审计	未经审计	未经审计	无保留意见
归属母公司净利润（万）	5530.76	5289.32	738.20	-28556.83
净利润增长率（%）	-51.96	-37.45	-64.75	-314.54
扣非净利润（万）	-5609.82	-56.78	-107.24	-45330.03
营业总收入（万元）	151783.99	98612.18	41435.48	170162.76

图 7-8　江苏吴中财务信息

财务指标	2019-09-30	2019-06-30	2019-03-31	2018-12-31
审计意见	未经审计	未经审计	未经审计	无保留意见
总营收同比增长率（%）	8.55	−0.02	−26.55	−42.52
加权净资产收益率（%）	2.30	2.19	0.31	−10.75
资产负债比率（%）	39.95	51.40	50.96	47.85
净利润现金含量（%）	132.31	−77.18	−360.59	−116.97
基本每股收益（元）	0.0770	0.0730	0.0100	−0.3960
每股收益-扣除（元）	−0.0787	−0.0010	−0.0015	−0.6280
每股收益-摊薄（元）	0.0776	0.0733	0.0102	−0.3956
每股资本公积金（元）	1.9707	2.0023	2.0023	2.0023
每股未分配利润（元）	0.2272	0.2208	0.1578	0.1476
每股净资产（元）	3.3583	3.3814	3.3239	3.3137
每股经营现金流量（元）	0.1027	−0.0565	−0.0369	0.4627

图 7-8　江苏吴中财务信息（续）

3. K 线图形

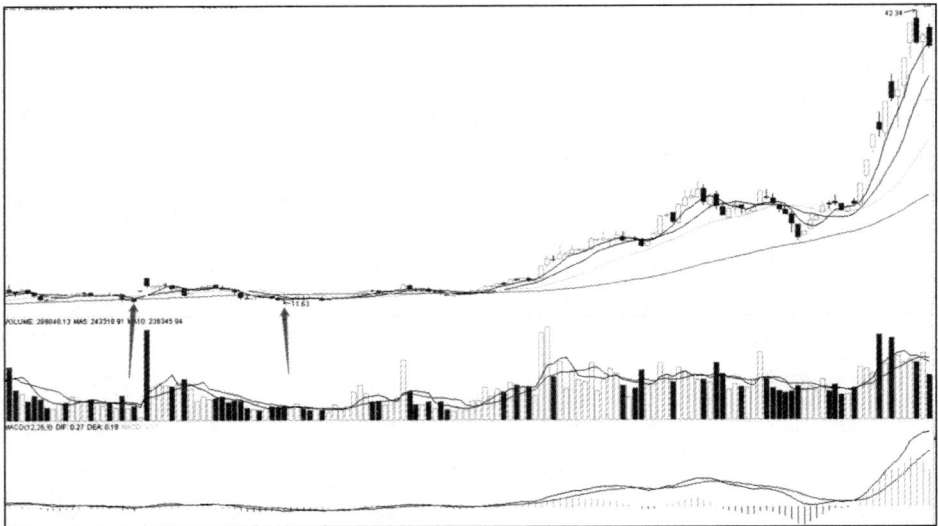

图 7-9　确认低点

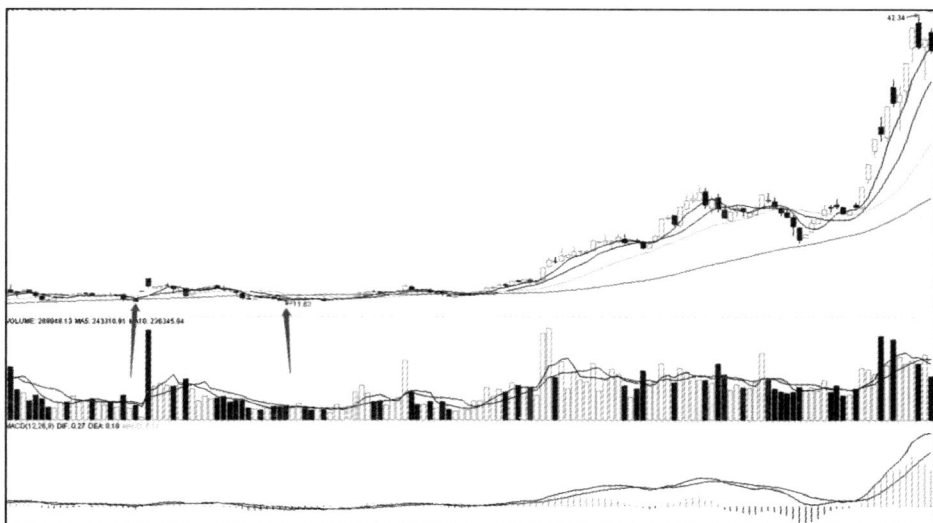

图 7-10　MACD 在 0 轴之上运行

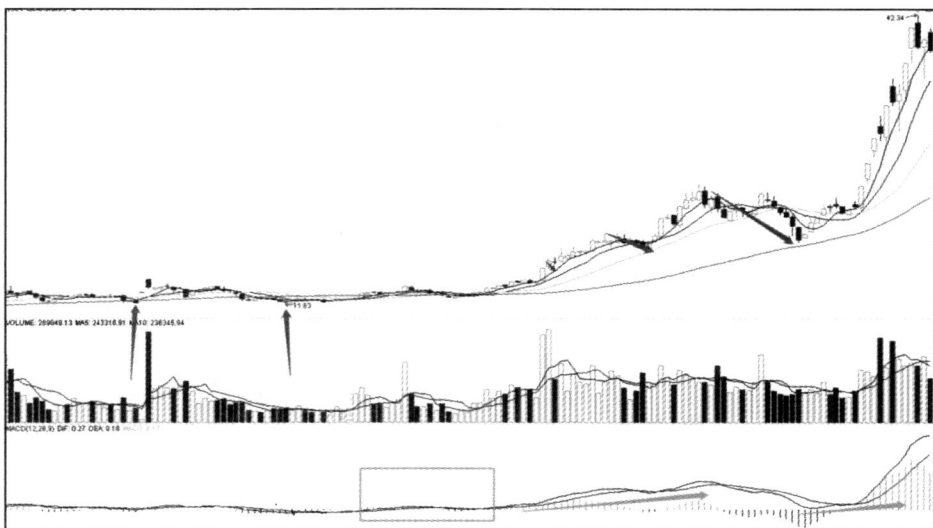

图 7-11　短期调整

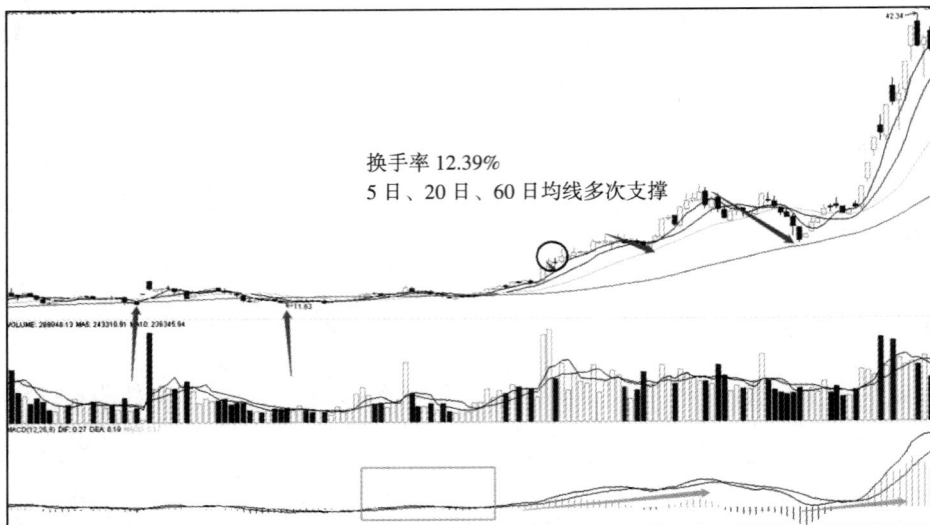

图 7-12　第一高点换手率与回踩均线

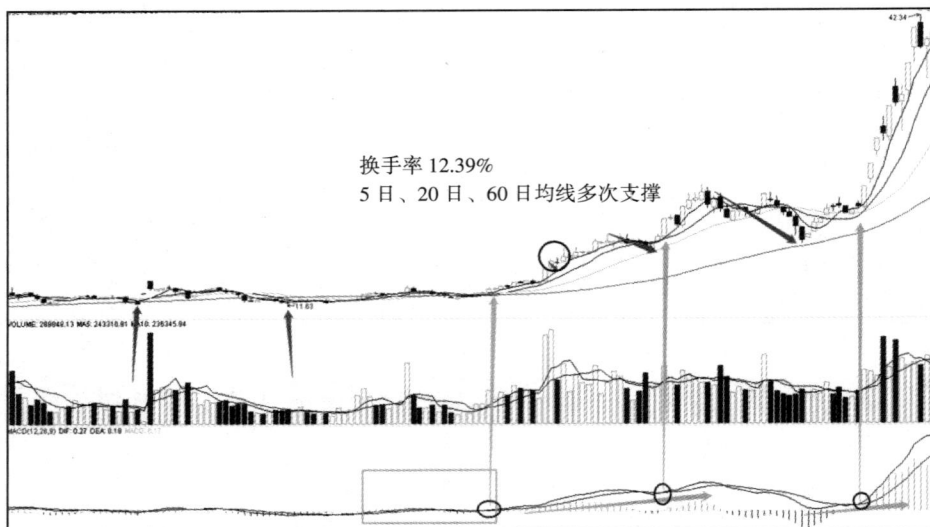

图 7-13　MACD 金叉

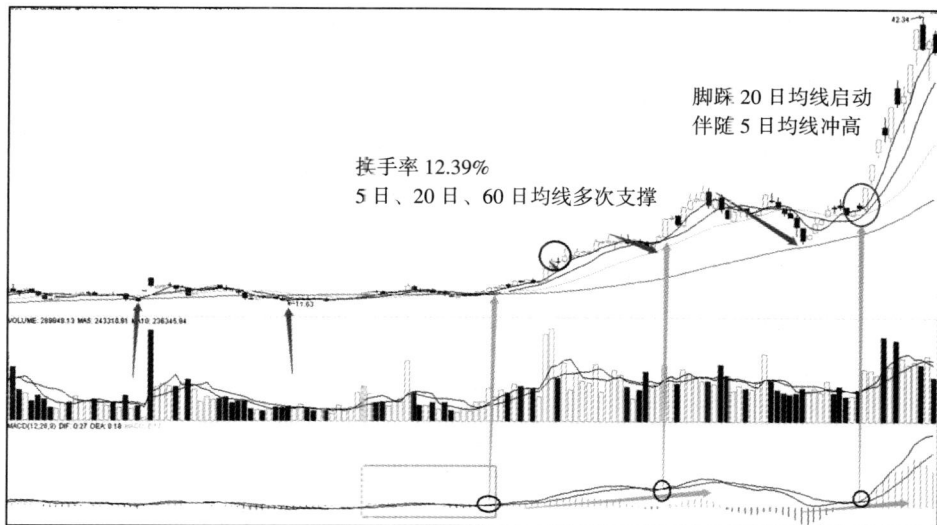

图 7-14 波段操作位置

三、市场的实战应用点

（1）确认两个趋势低点、一个价格低点。

（2）在大涨之前 MACD 长期在零轴上运行，有时能达 1 年以上。

（3）即使出现短期调整，MACD 仍处于 0 轴之上。

（4）关注第一高点换手率与回踩均线位置。

（5）MACD 在 0 轴以上横盘 1 个月以上，MACD 金叉。

（6）在第 4 条关注的回踩低点趋势未尽时波段操作位置。

确认两个趋势低点一个价格最低点。

在大涨之前 MACD 长期在零轴上运行，有时能达 1 年以上。

即使出现短期调整，MACD 仍处于 0 轴之上。

关注第一高点换手率与回踩均线位置。

MACD 在 0 轴以上横盘 1 个月以上，MACD 金叉。

在第 4 条关注的回踩低点，趋势未尽时波段操作位置。

试盘线

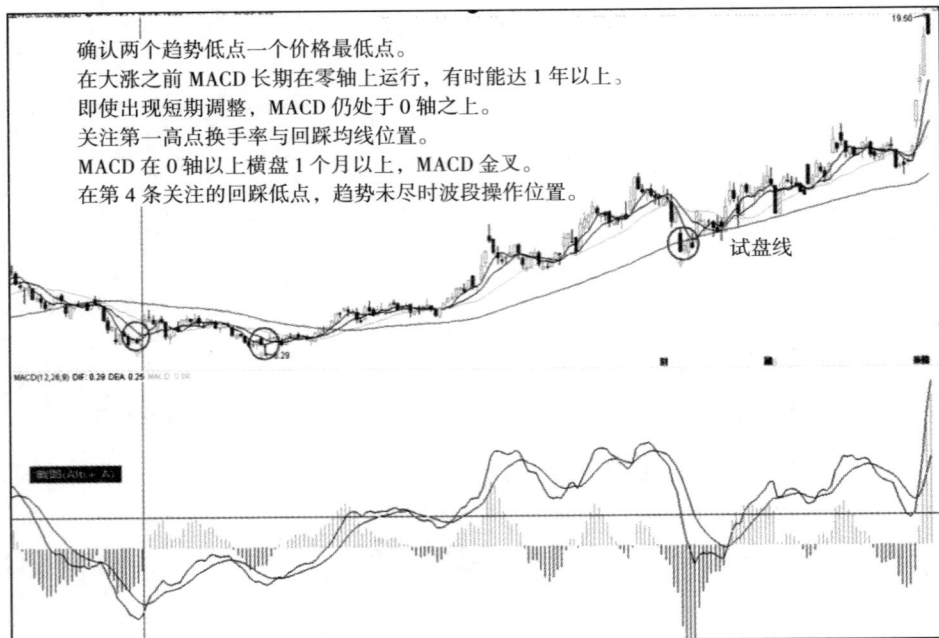

图 7-15　完整走势

四、实盘中的多种类型

乘风捕猎法完整的操作是把长期储备的大牛股，合理有效的做到长线趋势波段操作的实战应用方法，要关注多个均线的支撑位置和力度把操作更加具体更加细致，这样才能有效地做到实盘中长线趋势波段操作的初衷。

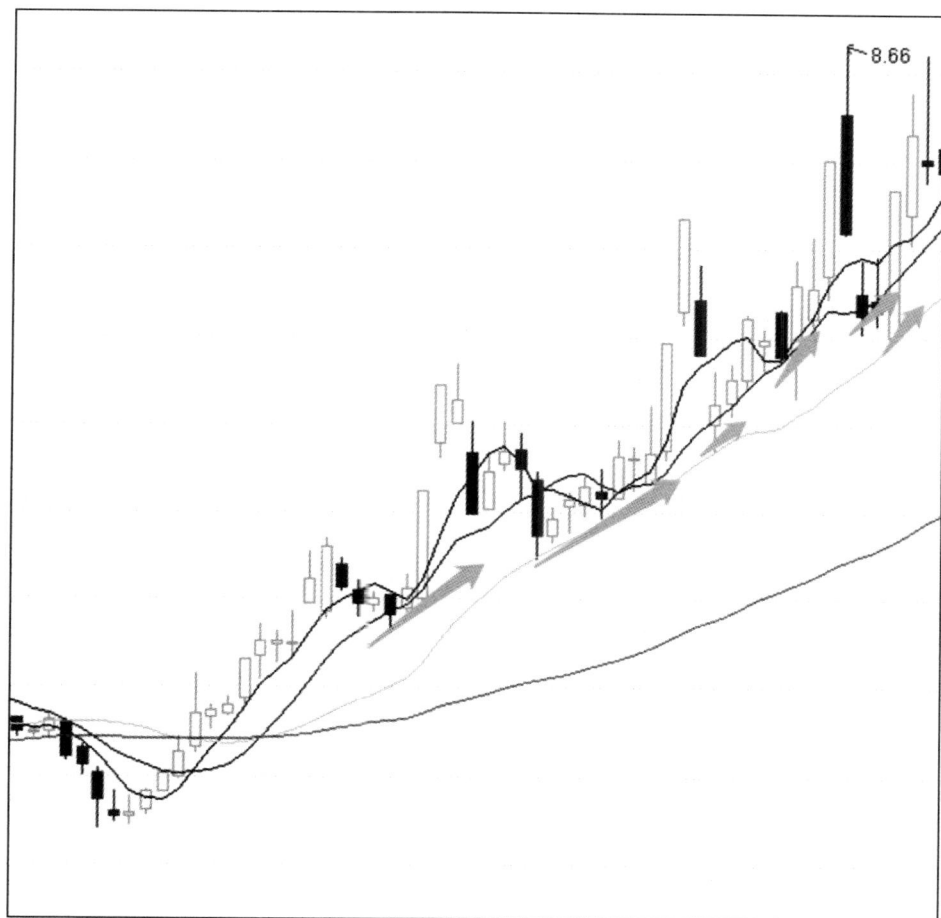

图 7-16 均线支撑的买点

第八章 跳窜捕猎法

一、"跳窜"的概念

市场投资中散户投资总会被主力做出的每一个操作点迷惑，不断围绕买点和卖点往返，针对这一问题，跳窜捕猎法可以解决主力在启动大涨之前的伪操作。欲擒故纵是市场常态，做出要出货下跳的形态，在散户投资者恐慌出逃之后，主力加速启动价格猛然突涨，MACD是市场惯用技术指标，所以很多资金盘用MACD欲擒故纵，做欺骗性K线布局。

二、针对实盘的类型

（一）平安银行（000001）"跳窜"经典案例

1. 企业档案

平安银行，全称平安银行股份有限公司，是中国平安保险

（集团）股份有限公司控股的一家跨区域经营的股份制商业银行，为中国大陆 12 家全国性股份制商业银行之一。注册资本为人民币 51.2335 亿元，总资产近 1.37 万亿元，总部位于广东省深圳市。

中国平安保险（集团）股份有限公司（以下简称中国平安）及其控股子公司持有平安银行股份共计约 26.84 亿股，占比约 52.38%，为平安银行的控股股东。在全中国各地设有 34 家分行，在香港设有代表处。

2012 年 1 月，现平安银行的前身深圳发展银行收购平安保险集团旗下的深圳平安银行，收购完成后，深圳发展银行更名为新的平安银行，组建新的平安银行正式对外营业。2019 年 6 月 26 日，平安银行等 8 家银行首批上线运行企业信息联网核查系统。

2. 财务信息

财务指标	2019-09-30	2019-06-30	2019-03-31	2018-12-31
审计意见	未经审计	未经审计	未经审计	无保留意见
归属母公司净利润（万）	2362100.00	1540300.00	744600.00	2481800.00
净利润增长率（%）	15.47	15.19	12.90	7.03
扣非净利润（万）	2352700.00	1531600.00	742200.00	2470008.65
营业总收入（万元）	10295800.00	6782900.00	3247600.00	11671600.00
总营收同比增长率（%）	18.80	18.50	15.88	10.33
加权净资产收益率（%）	9.71	6.32	2.91	11.49
资产负债比率（%）	92.23	92.85	92.89	92.98
净利润现金含量（%）	357.65	171.60	714.26	-230.97
基本每股收益（元）	1.3200	0.8500	0.3800	1.3900
每股收益-扣除（元）	1.3200	0.8400	0.3800	1.3900
每股收益-摊薄（元）	1.2172	0.8971	0.4337	1.4454

图 8-1 平安银行财务信息

财务指标	2019-09-30	2019-06-30	2019-03-31	2018-12-31
审计意见	未经审计	未经审计	未经审计	无保留意见
每股资本公积金（元）	4.1645	3.2885	3.2885	3.2885
每股未分配利润（元）	5.9411	6.2361	5.9177	5.5349
每股净资产（元）	13.8200	13.7800	13.2356	12.8200
每股经营现金流量（元）	4.3533	1.5394	3.0974	-3.3385

图 8-1 平安银行财务信息（续）

3. K 线图形

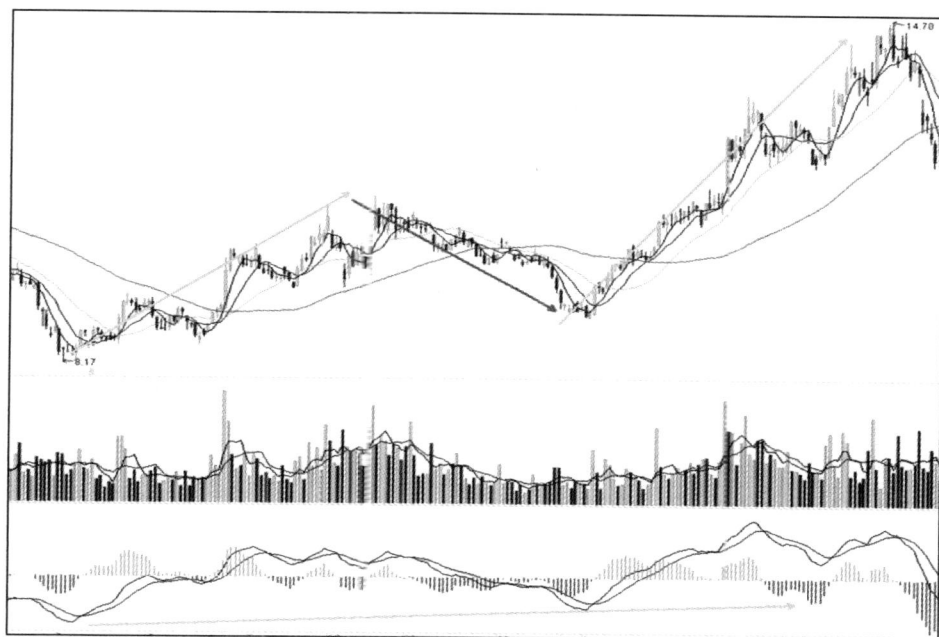

图 8-2 平安银行 K 线

平安银行（000001）确认趋势启动调整与主升阶段，在整体启动开始后主力自己大肆介入，突破前颈似要出现 MACD 死叉走势，主力资金价量组合启动，K 线呈现加速上升形态。

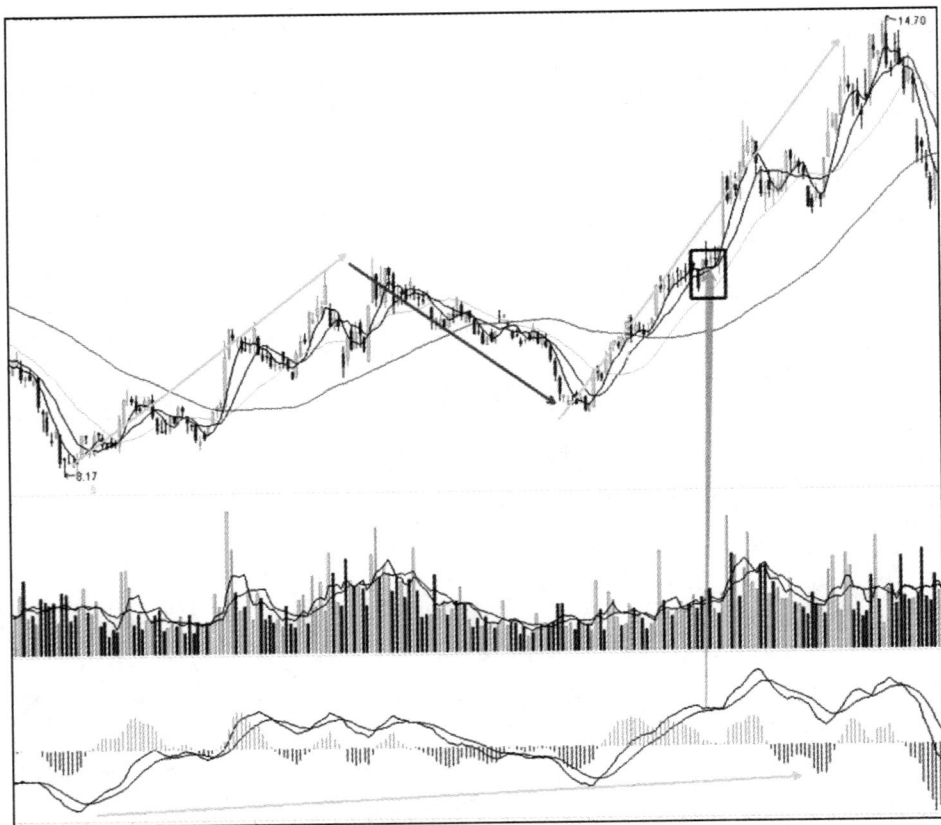

图 8-3　平安银行完整走势

（二）万科 A（000002）"跳窜"经典案例

1. 企业档案

万科企业股份有限公司成立于 1984 年，经过三十余年的发展，已成为国内领先的城乡建设与生活服务商，公司业务聚焦于全国经济最具活力的三大经济圈及中西部重点城市。2016 年

公司首次跻身《财富》"世界 500 强"，位列榜单第 356 位，2017
年、2018、2019 年接连上榜，分别位列榜单第 307 位、第 332
位、第 254 位。

万科企业股份有限公司是目前中国最大的专业住宅开发企
业，也是股市里的代表性地产蓝筹股。

总部设在广东深圳，至 2009 年，已在 20 多个城市设立分
公司。2010 年公司完成新开工面积 1248 万平方米，实现销售面
积 897.7 万平方米，销售金额 1081.6 亿元。深圳万科总部营业
收入 507.1 亿元，净利润 72.8 亿元。这意味着，万科率先成为
全国第一个年销售额超千亿的房地产公司。这个数字，是一个
让同行眼红，让外行震惊的数字，相当于美国四大住宅公司高
峰时的总和。

2. 财务信息

财务指标	2019-09-30	2019-06-30	2019-03-31	2018-12-31
审计意见	未经审计	未经审计	未经审计	无保留意见
归属母公司净利润（万）	1824074.51	1184175.22	112062.66	3377265.17
净利润增长率（%）	30.43	29.79	25.23	20.39
扣非净利润（万）	1817556.26	1174967.89	112844.38	3349007.84
营业总收入（万元）	22391475.75	13932007.68	4837463.08	29767933.11
总营收同比增长率（%）	27.21	31.47	56.93	22.55
加权净资产收益率（%）	11.16	7.26	0.72	23.24
资产负债比率（%）	85.06	85.26	84.77	84.59
净利润现金含量（%）	9.51	74.76	-2383.72	99.54
基本每股收益（元）	1.6310	1.0600	0.1020	3.0600
每股收益-扣除（元）	1.6082	1.0600	0.1022	3.0300
每股收益-摊薄（元）	1.6139	1.0477	0.1015	3.0594
每股资本公积金（元）	1.0557	1.0795	0.7213	0.7252

图 8-4　万科 A 财务信息

财务指标	2019-09-30	2019-06-30	2019-03-31	2018-12-31
审计意见	未经审计	未经审计	未经审计	无保留意见
每股未分配利润（元）	8.6845	8.1183	8.4106	8.3090
每股净资产（元）	14.8002	14.2466	14.2721	14.1102
每股经营现金流量（元）	0.1535	0.7833	-2.4198	3.0454

图 8-4　万科 A 财务信息（续）

3. K 线图形

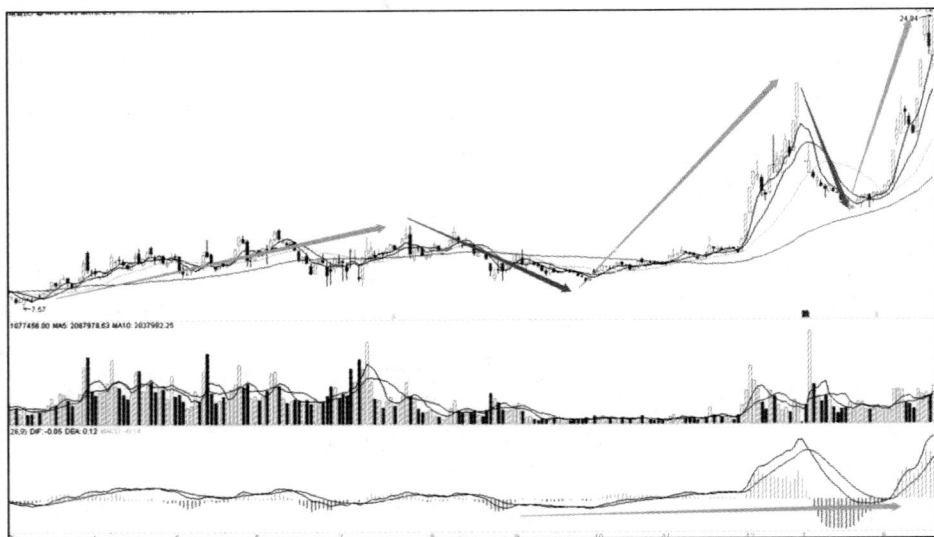

图 8-5　万科 A K 线

万科 A（000002）实盘操作中主关注趋势细节，趋势分段操作找准启动与主升位置，主力资金突破颈线后小波段调整后加速上升位置，是投资者必不可少的获利机会。

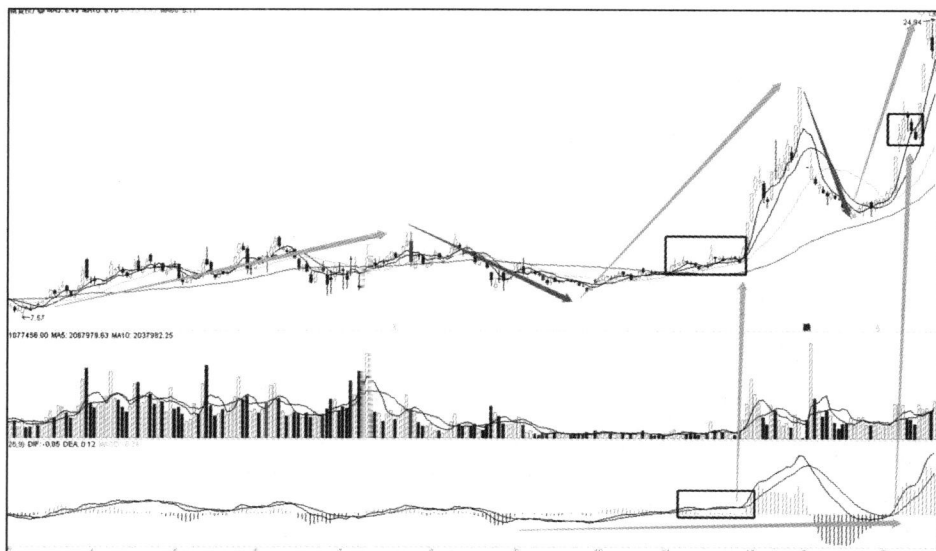

图 8-6 万科 A 走势

（三）国农科技（000004）"跳窜"经典案例

1. 企业档案

国农科技是一支以研发通信、计算机、软件、新材料、生物技术、新药、生物制品、信息咨询服务等为主营业务的股票。

通信、计算机、软件、新材料、生物技术、新药、生物制品、医用检测试剂和设备的研究与开发；信息咨询；计算机软件及生物技术的培训（以上各项不含限制项目）；兴办实业（具体项目另行申报）。国农科技以农业科技园、房地产、生物制药、高科技软件为产业核心业务。国农科技于 2005 年 11 月 30 日收购了北京国农置业 65.67％的股权，使之成为公司转型房地产业务的重要组成部分。

2012 年 7 月，公司控股子公司山东北大高科华泰制药有限公司计划在蓬莱进行异地扩建生产基地。该项目总投资为 21348

万元，占公司 2011 年末经审计总资产的 108.75％。项目建设期拟定 2.5 年，投产期 1.5 年。预计生产规模将达到年产普通小容量注射剂 2200 万支，普通冻干粉针剂 2200 万支，抗肿瘤冻干粉针剂 1000 万支。该项目可以缓解公司现有品种产能严重不足的问题，增加公司生产能力，满足市场需求；解决新药项目后续面临投产无车间的问题，扩大公司生产规模，实现规模效应，增强公司的竞争实力。

2．财务信息

财务指标	2019-09-30	2019-06-30	2019-03-31	2018-12-31
审计意见	未经审计	未经审计	未经审计	无保留意见
归属母公司净利润（万）	-994.11	-191.88	535.01	-2027.08
净利润增长率（％）	-283.57	-196.72	159.65	-336.62
扣非净利润（万）	-2016.86	-1213.15	-452.21	-2300.58
营业总收入（万元）	10817.57	10765.71	10695.28	36686.88
总营收同比增长率（％）	-57.77	-30.32	41.47	164.69
加权净资产收益率（％）	-9.53	-1.77	4.78	-17.00
资产负债比率（％）	9.53	14.94	16.38	47.80
净利润现金含量（％）	99.25	-6.85	74.13	262.99
基本每股收益（元）	-0.1184	-0.0228	0.0637	-0.2414
每股收益-扣除（元）	-0.2402	-0.1445	-0.0538	-0.2740
每股收益-摊薄（元）	-0.1184	-0.0228	0.0637	-0.2414
每股资本公积金（元）	0.0111	0.0111	0.0093	0.0111
每股未分配利润（元）	0.0413	0.1368	0.2234	0.1597
每股净资产（元）	1.1824	1.2779	1.3645	1.3008
每股经营现金流量（元）	-0.1175	0.0016	0.0472	-0.6348

图 8-7　国农科技财务信息

3．K 线图形

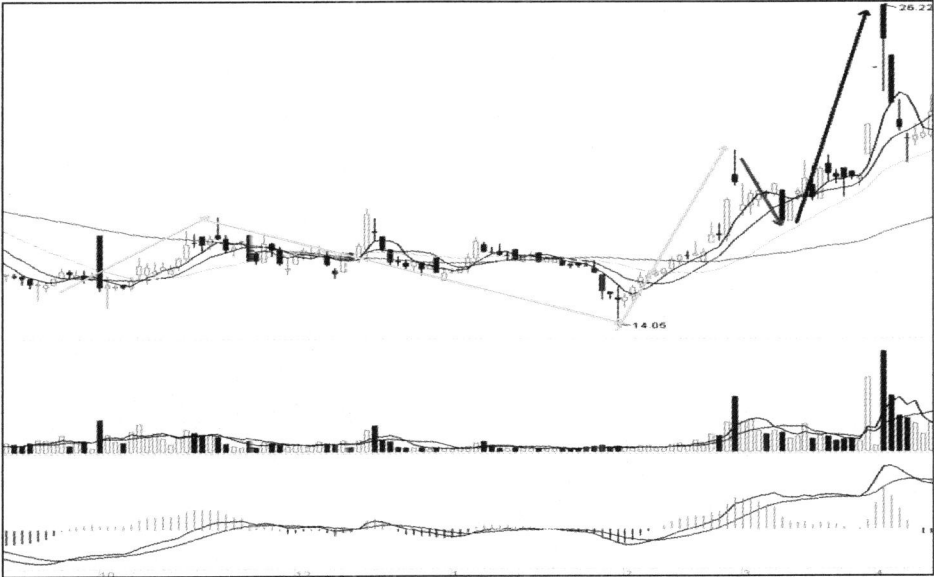

图 8-8　国农科技 K 线

国农科技（000004）平台型启动，在启动阶段投资者要分清锯齿与平台的结构，在平台启动后确认尾部长阳 K 线位置，从"价量时空"多角度确认主升加速机会。

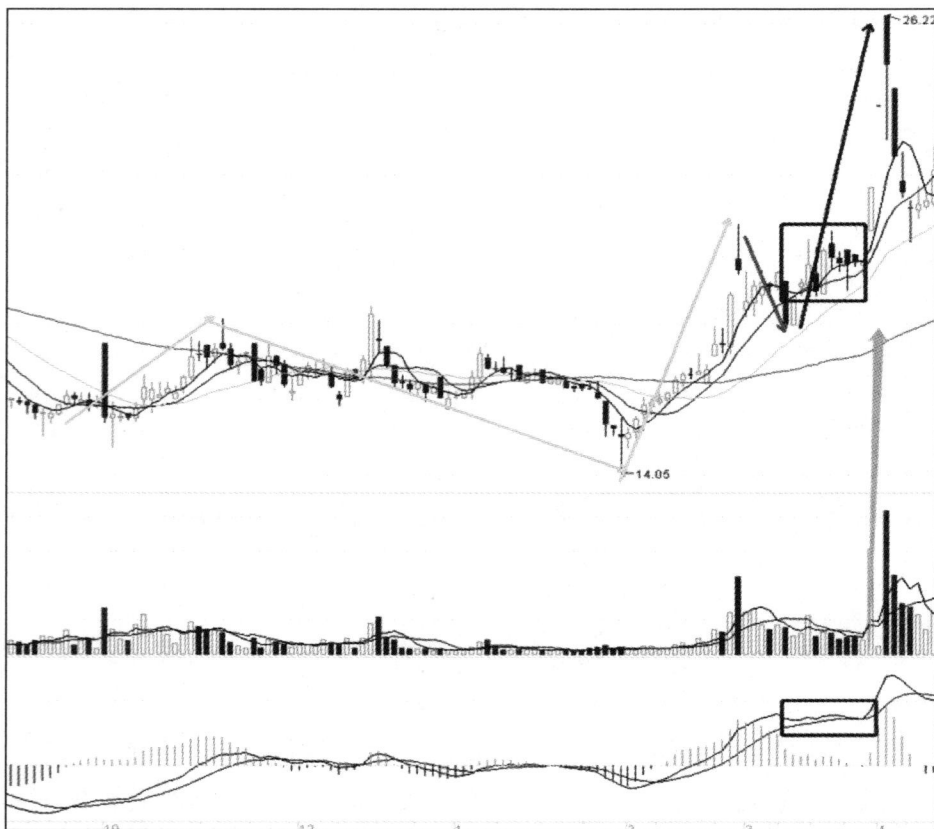

图 8-9　国农科技走势

三、市场的实战应用点

（1）主升浪中突然出现短暂砸盘。

（2）MACD 两线靠拢，似要死叉。

（3）即将死叉同时主力启动行情，展开主升浪，MACD 启动。

（4）趋势、量价、图形、数据结合买点。

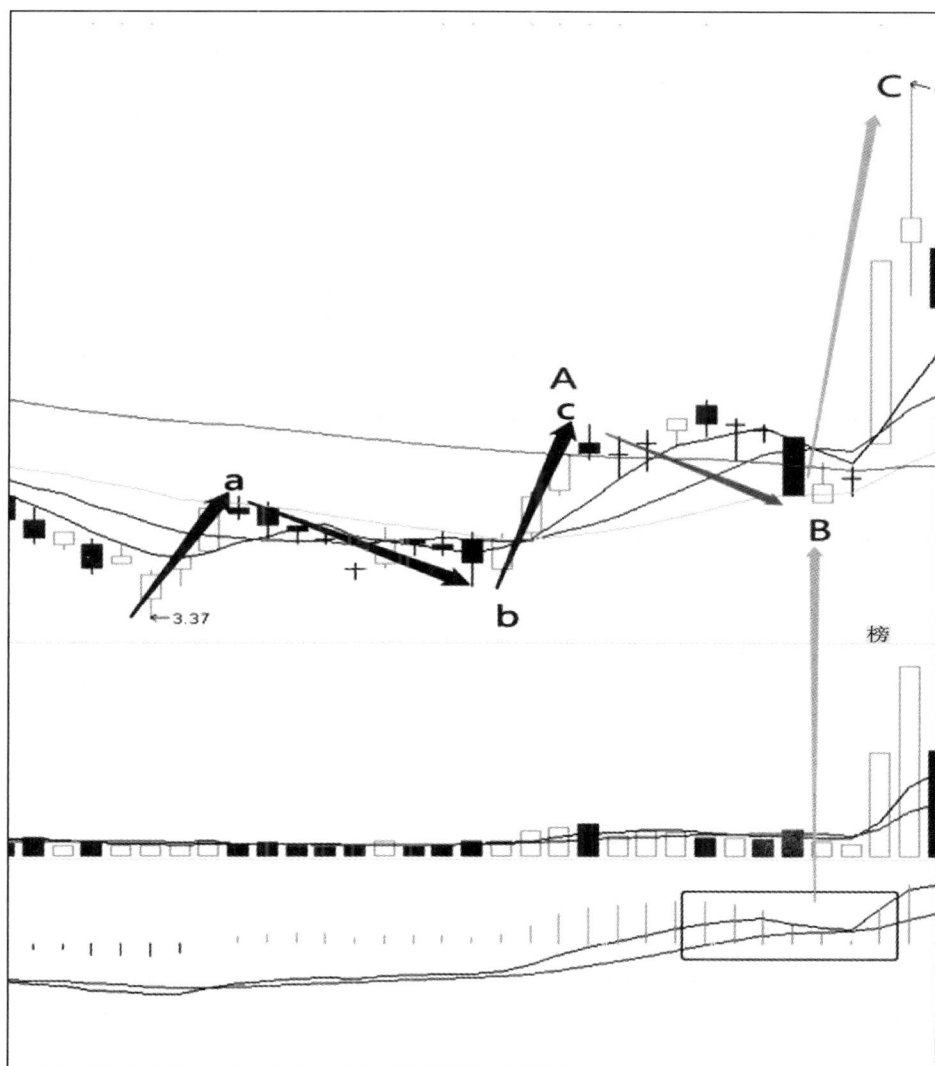

图 8-10　跳蹿捕猎法

第九章　口袋捕猎法

一、"口袋"的概念

认识 BOLL，布林线（Boll）指标是股市技术分析的常用工具之一，通过计算股价的"标准差"，再求股价的"信赖区间"。

该指标是在图形上画出三条线，其中上下两条线可以分别看成是股价的压力线和支撑线，而在两条线之间还有一条股价平均线，布林线指标的参数最好设为 20。一般来说，股价会运行在压力线和支撑线所形成的通道中。

与 MACD、RSI、KDJ 等指标一样，BOLL 指标也是股票市场最实用的技术分析参考指标。

BOLL 口袋捕猎法是三个操作位置的方法，底位底仓介入点、趋势启动点介入位置、高位高风险出货位置，在学习三种位置方法前要先知道"口袋"的概念。

BOLL 空间口袋是 BOLL 指标线宽窄位置的间距，上面的称为上轨线、中间的称为中轨线、下方的称为下轨线，同样 BOLL 指标存在上位线与下位线。

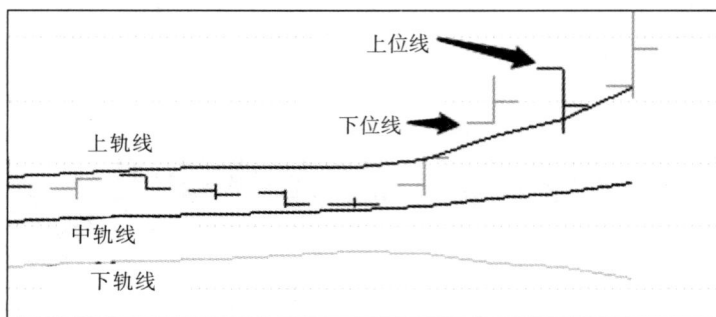

图 9-1　布林线

二、针对实盘的类型

（一）巴士在线（002188）"口袋"经典案例

1. 企业档案

巴士在线是中国领先的互联网媒体集团。秉承"让出行更快乐"的企业使命、"梦想、坚韧、创新"的价值观，为用户提供数字娱乐服务。旗下包括移动媒体、移动视频、网生社区、移动智能四大板块相互协同，致力于成为中国乃至世界的优秀网络传媒企业。

公司前身嘉善嘉联电子厂成立于 1992 年，是国内最早从事通信电声器件的研发和生产的专业厂家，2000 年完成股份制改造后成立浙江新嘉联电子股份有限公司，2007 年在深交所国内中小板成功上市（股票代码 002188），是中国 A 股首家微电声上市企业。

2004 年，巴士在线控股有限公司（现中麦控股有限公司）

创建于江西南昌。2015 年，浙江新嘉联电子股份有限公司收购其旗下巴士在线科技有限公司 100% 股权，同时上市公司更名为"巴士在线股份有限公司"。公司在北京、上海、浙江三地设置运营平台，全国拥有超过 20 家分子公司。目前公司下设四大核心业务板块。

2. 财务信息

财务指标	2019-09-30	2019-06-30	2019-03-31	2018-12-31
审计意见	未经审计	未经审计	未经审计	保留意见
归属母公司净利润（万）	−3554.34	−2675.73	472.57	−64085.61
净利润增长率（%）	92.86	81.78	105.70	68.48
扣非净利润（万）	−4030.78	−3534.38	−2694.10	−41749.64
营业总收入（万元）	2101.59	1998.67	1635.41	14422.00
总营收同比增长率（%）	−79.99	−70.30	−51.13	−75.58
加权净资产收益率（%）	—	—	—	—
资产负债比率（%）	662.09	636.53	572.38	454.29
净利润现金含量（%）	35.75	50.59	−359.01	16.42
基本每股收益（元）	−0.1200	−0.0900	0.0200	−2.1700
每股收益-扣除（元）	−0.1363	−0.1200	−0.0911	−1.4100
每股收益-摊薄（元）	−0.1202	−0.0905	0.0160	−2.1678
每股资本公积金（元）	5.4493	5.4493	5.4493	5.4493
每股未分配利润（元）	−8.7269	−8.6972	−8.5907	−8.6067
每股净资产（元）	−2.2514	−2.2217	−2.1152	−2.1312
每股经营现金流量（元）	−0.0430	−0.0458	−0.0574	−0.3560

图 9-2　巴士在线财务信息

3. K 线图形

一波趋势下跌后形成 BOLL 口袋敞口图形（口袋敞口中期），尾部现强势长阴 K 线，穿刺 BOLL 下轨线，往往处于阶段最低点区间底仓优质介入位置，这种低点位经常出现盘中密码。

　　确认底仓低点后，趋势启动前 BOLL 平走一段时间，形成口袋缩口 BOLL 平走的图形。

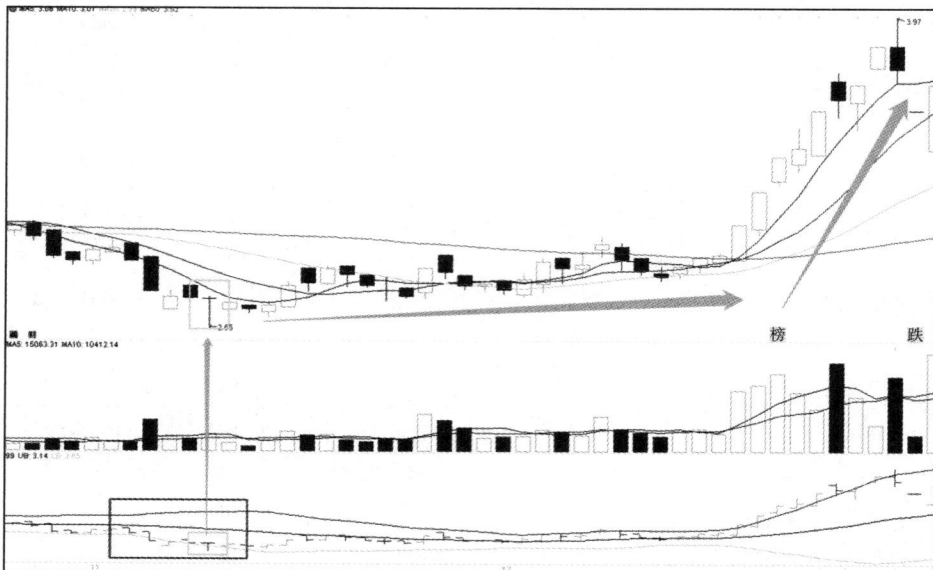

图 9-3　巴士在线 K 线

　　BOLL 指标上线位处于中轨线以上，平走坐稳中轨线，启动 K 线有效穿破压力均线。

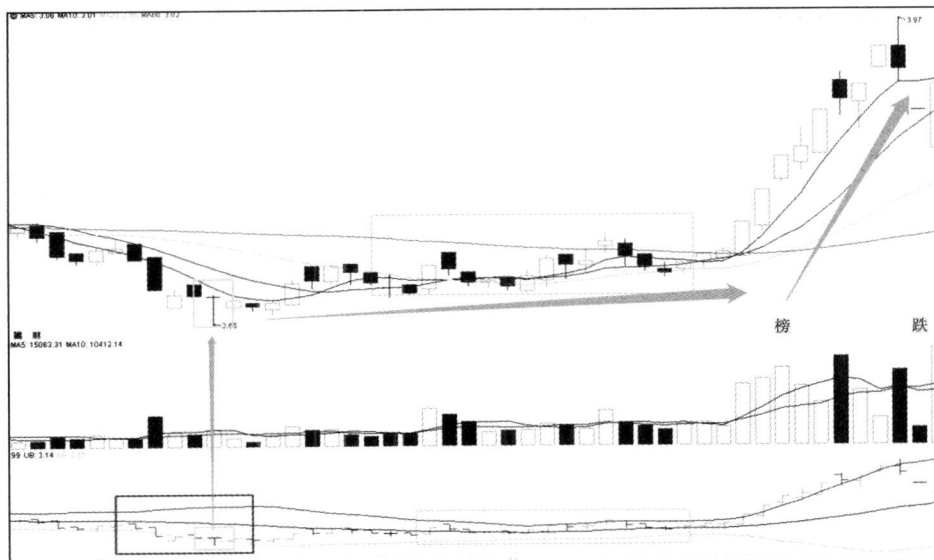

图 9-4 启动

BOLL 收口后再张口，股价沿 BOLL 上轨上攻。

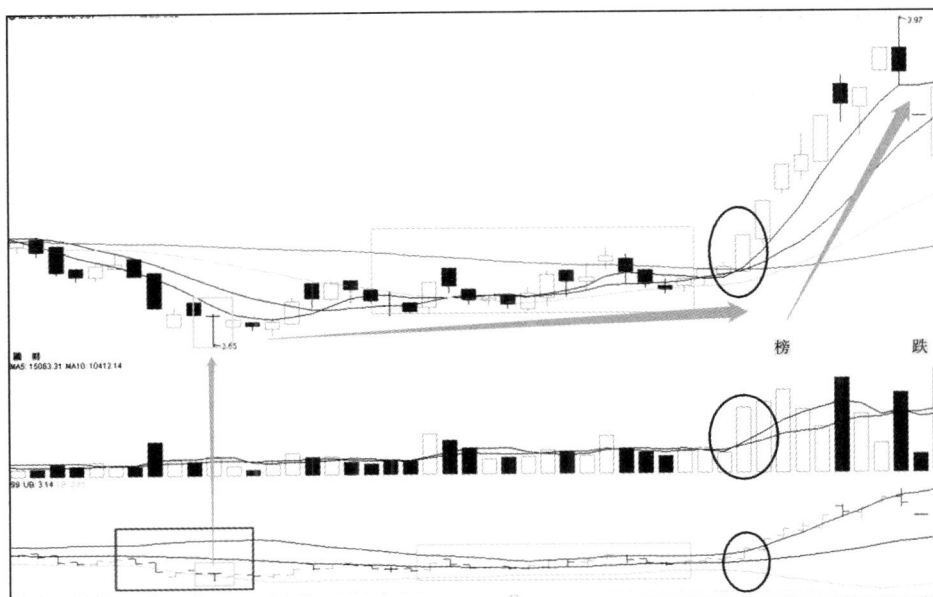

图 9-5 上攻

当口袋敞口股价上涨，高位高价 K 线图形形成 BOLL 指标下位线。高于 BOLL 上轨线时，是高度预警信号，投资者需立刻观察走势变化择机卖出。

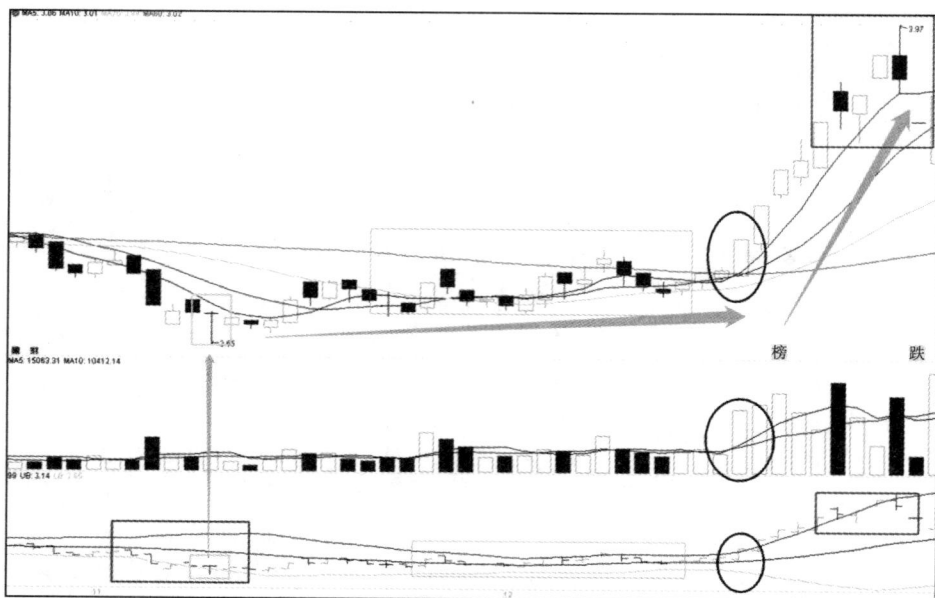

图 9-6　择机卖出

（二）捷捷微电（300623）"口袋"经典案例

1. 企业档案

江苏捷捷微电子股份有限公司创建于 1995 年，是一家专业从事半导体分立器件、电力电子元器件研发、制造和销售的江苏省高新技术企业、江苏省创新型企业、中国半导体协会会员单位、中国电器工业协会电力电子分会先进会员单位。公司建有"江苏省企业技术中心""江苏省工程技术研究中心"。公司具备一流的技术创新能力、良好的市场信誉和业务网络，是国内电力半导体器件领域中，晶闸管器件及芯片方片化 IDM（整合元件制造商，即覆盖了整个芯片产业链，集芯片设计，制造和封装测试一体）的半导体厂商。公司"捷捷"牌产品已销往日本、韩国、西班牙、新加坡、中国台湾等国家和地区，可靠的质量得到了用户的充分肯定。

企业现有注册资金 179742660 元。公司主导产品为（0.6~110）A/600-1600V 双向可控硅、（0.8~250）A/600-2200V 单向可控硅、低结电容放电管、TVS 等各类保护器件、高压整流二极管、功率型开关晶体管。公司拥有五条半导体功率器件产品线。

2. 财务信息

财务指标	2019-09-30	2019-06-30	2019-03-31	2018-12-31
审计意见	未经审计	未经审计	未经审计	无保留意见
归属母公司净利润（万）	13559.76	8533.12	3445.54	16566.87
净利润增长率（%）	2.40	2.11	3.51	14.93
扣非净利润（万）	13061.84	8362.81	3378.64	15269.09
营业总收入（万元）	46511.55	28640.56	12347.85	53747.09
总营收同比增长率（%）	15.29	10.43	2.58	24.76
加权净资产收益率（%）	9.73	6.22	2.52	12.86
资产负债比率（%）	10.61	12.87	15.49	13.48
净利润现金含量（%）	113.47	111.50	85.15	157.78
基本每股收益（元）	0.5100	0.3200	0.1906	0.9300
每股收益-扣除（元）	0.4345	0.3100	0.1880	0.8600
每股收益-摊薄（元）	0.5030	0.3165	0.1917	0.9217
每股资本公积金（元）	2.2008	2.1909	3.7661	3.7675
每股未分配利润（元）	2.0144	1.8279	2.4364	2.5444
每股净资产（元）	5.3901	5.1938	7.4047	7.5123
每股经营现金流量（元）	0.5707	0.3529	0.1632	1.4543

图 9-7　捷捷微电财务信息

3. K 线图形

一波趋势下跌后形成 BOLL 口袋敞口图形（口袋敞口中期），尾部现强势长阴 K 线，穿刺 BOLL 下轨线，往往处于阶段最低点区间，底仓优质介入位置，这种低点位经常出现盘中密码。

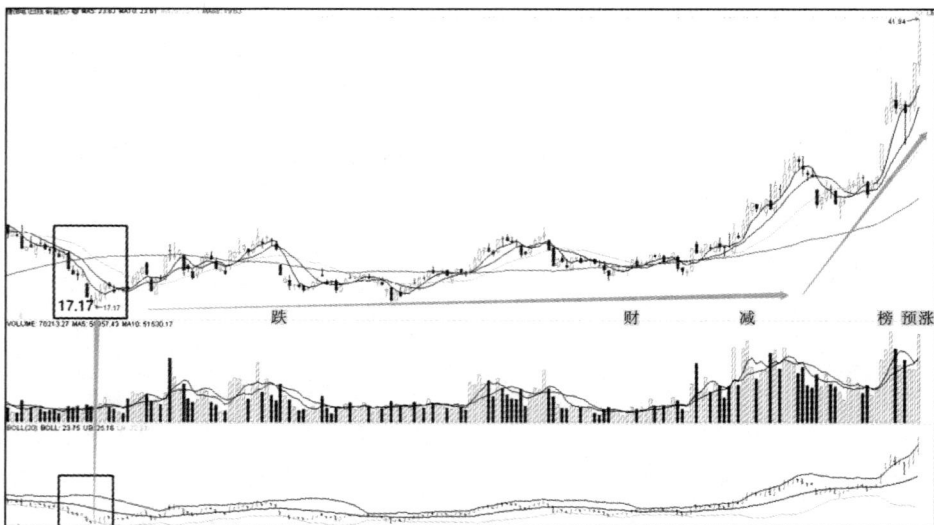

图 9-8　捷捷微电 K 线

确认底仓低点后，趋势启动前 BOLL 平走一段时间，形成口袋缩口 BOLL 平走的图形。

BOLL 指标上线位处于中轨线以上，平走坐稳中轨线，启动 K 线有效穿破压力均线。

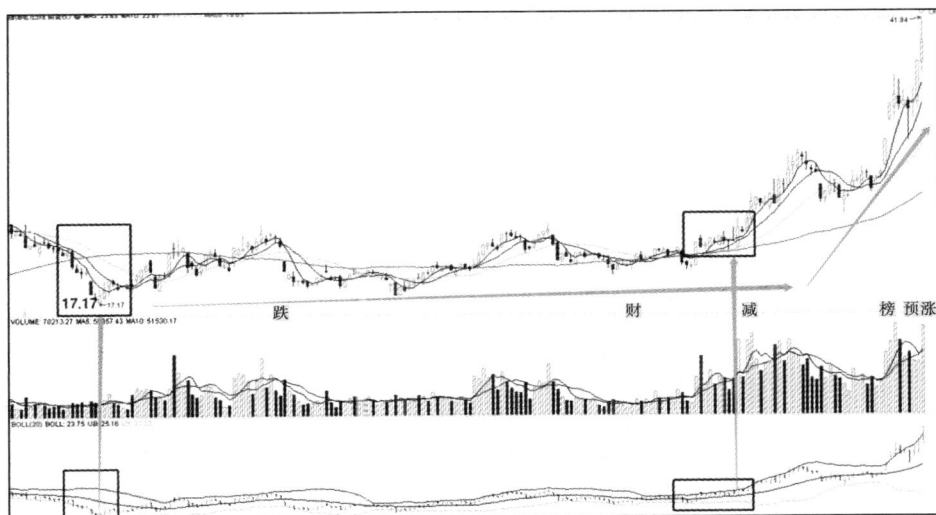

图 9-9 穿破压力线

BOLL 收口后再张口，股价沿 BOLL 上轨上攻。

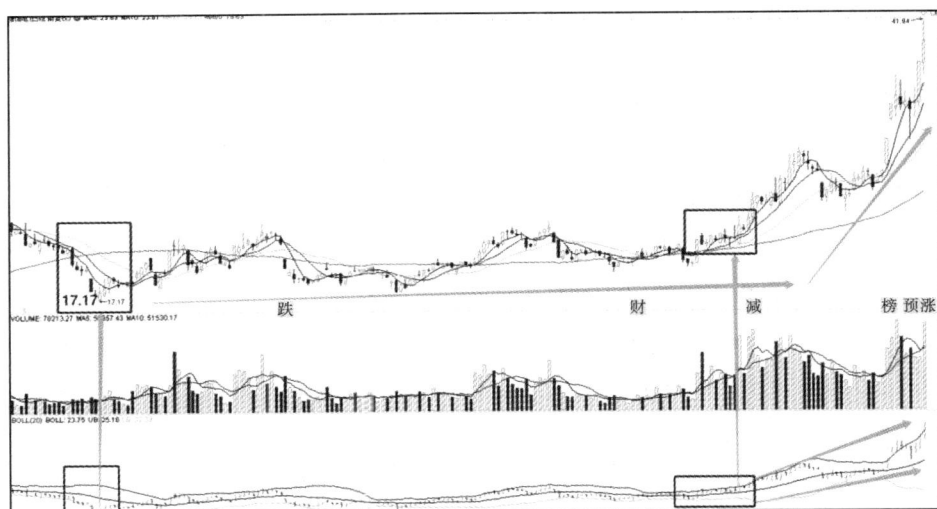

图 9-10 上攻

当口袋敞口股价上涨，高位高价 K 线图形形成 BOLL 指标下位线，高于 BOLL 上轨线时，是高度预警信号，投资者需立刻观察走势变化择机卖出。

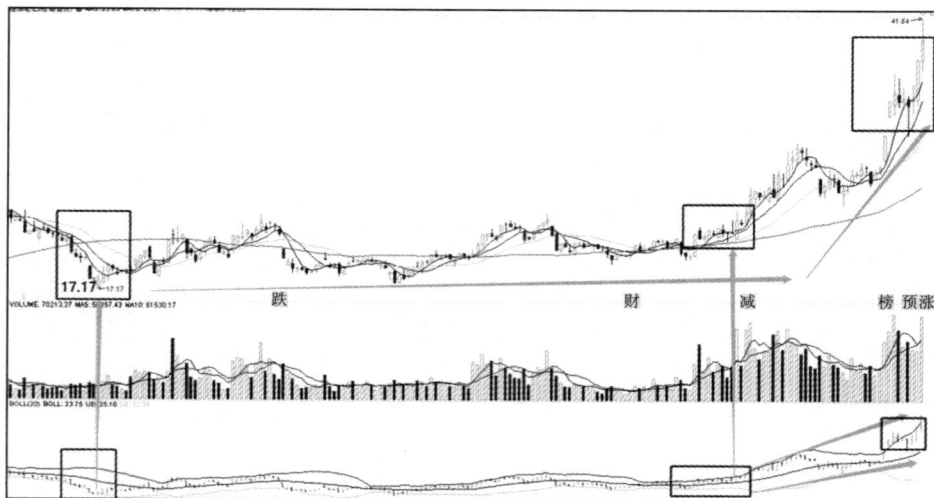

图 9-11　择机卖出

（三）东北制药（000597）"口袋"经典案例

1. 企业档案

东北制药集团股份有限公司成立于 1993 年 6 月 10 日，注册地位于沈阳经济技术开发区昆明湖街，法人代表为魏海军。经营范围包括许可经营项目：原料药、无菌原料药、食品添加剂、饲料添加剂、危险化学品生产（以上经营范围按生产许可证规定项目及地址从事生产经营活动）；一般经营项目：医药中间体副产品、包装材料、化工产品（不含危险化学品）、化妆品制造；医药新产品开发、技术咨询服务、成果转让；污水处理、环保技术服务、环保技术咨询；金属材料销售；厂房、设备租赁，自营和代理各类商品和技术的进出口，但国家限定公司经营或禁止进出口的商品和技术除外（依法须经批准的项目，经相关部门批准后方可开展经营活动）。东北制药集团股份有限公司对外投资 15 家公司，具有 1 处分支机构。

2．财务信息

财务指标	2019-09-30	2019-06-30	2019-03-31	2018-12-31
审计意见	未经审计	无保留意见	未经审计	无保留意见
归属母公司净利润（万）	17534.24	11895.56	5751.51	19519.97
净利润增长率（%）	11.89	18.92	10.13	64.04
扣非净利润（万）	16060.69	10611.09	5332.98	4216.95
营业总收入（万元）	604327.24	411031.97	213397.94	746655.52
总营收同比增长率（%）	7.67	9.65	7.84	31.54
加权净资产收益率（%）	4.66	3.25	1.56	6.33
资产负债比率（%）	69.14	67.68	68.32	69.34
净利润现金含量（%）	-99.63	-174.92	-254.07	146.05
基本每股收益（元）	0.2000	0.2000	0.1000	0.3600
每股收益-扣除（元）	0.1775	0.1766	0.0878	0.0784
每股收益-摊薄（元）	0.1938	0.1959	0.0947	0.3427
每股资本公积金（元）	2.7970	4.5887	4.5198	4.4331
每股未分配利润（元）	0.3941	0.4943	0.5127	0.4456
每股净资产（元）	4.1207	6.3281	6.2421	6.0935
每股经营现金流量（元）	-0.1931	-0.3427	-0.2407	0.5005

图 9-12　东北制药财务信息

3．K 线图形

一波趋势下跌后形成 BOLL 口袋敞口图形（口袋敞口中期），尾部现强势长阴 K 线，穿刺 BOLL 下轨线，往往处于阶段最低点区间，底仓优质介入位置，这种低点位经常出现盘中密码。

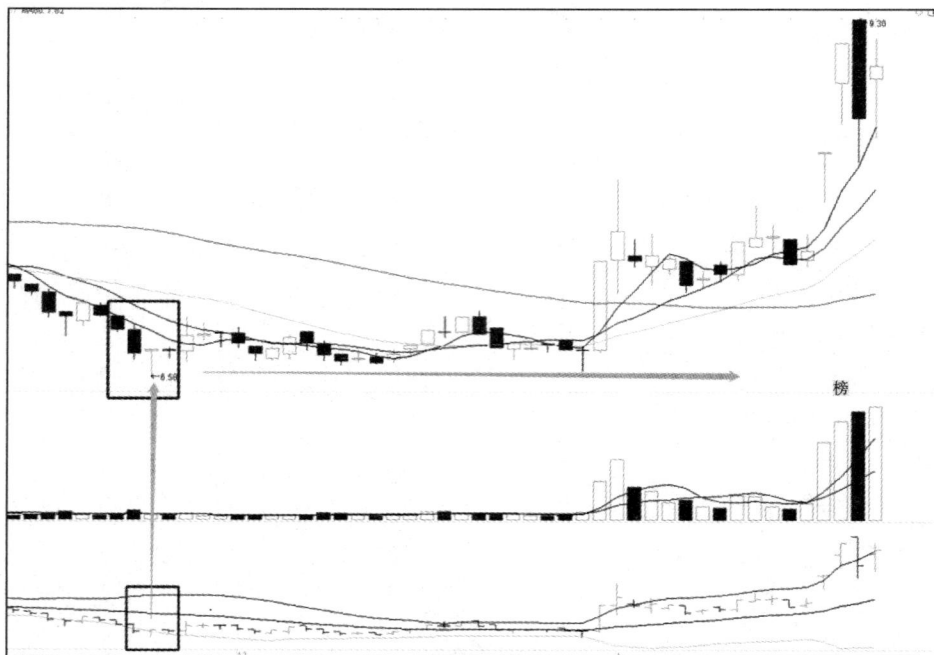

图 9-13 东北制药 K 线

确认底仓低点后，趋势启动前 BOLL 平走一段时间，形成口袋缩口 BOLL 平走的图形。

BOLL 指标上线位处于中轨线以上，平走坐稳中轨线，启动 K 线有效穿破压力均线。

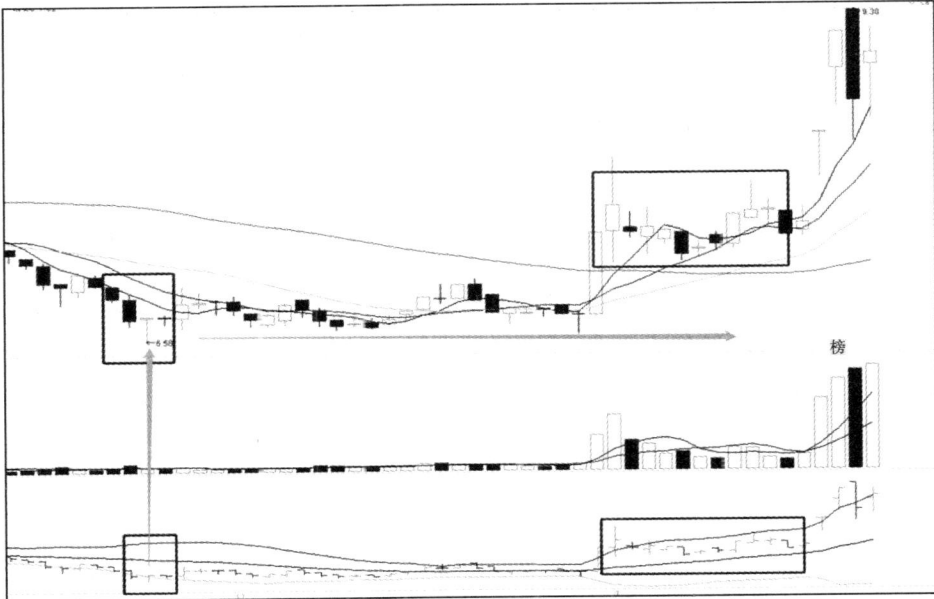

图 9-14　穿破压力线

BOLL 收口后再张口，股价沿 BOLL 上轨上攻。

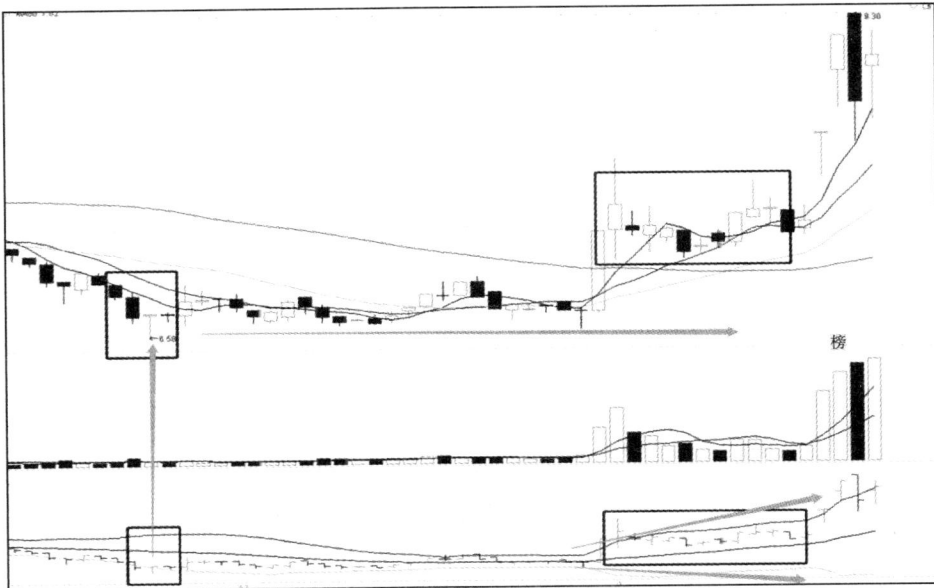

图 9-15　上攻

　　当口袋敞口股价上涨，高位高价 K 线图形形成 BOLL 指标下位线，高于 BOLL 上轨线时，是高度预警信号，投资者需立刻观察走势变化择机卖出。

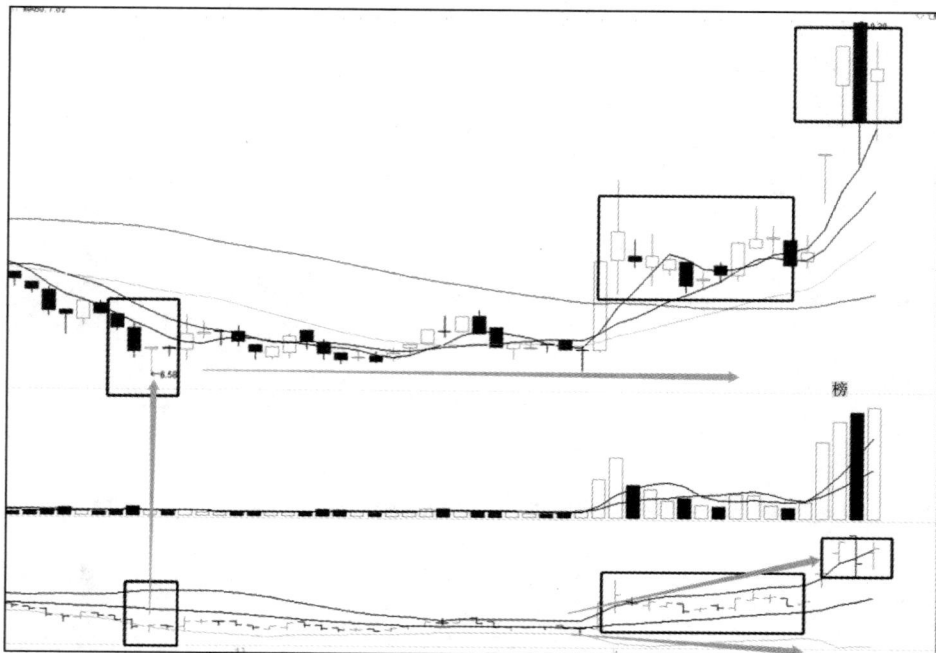

图 9-16　择机卖出

三、亏场的实战应用点

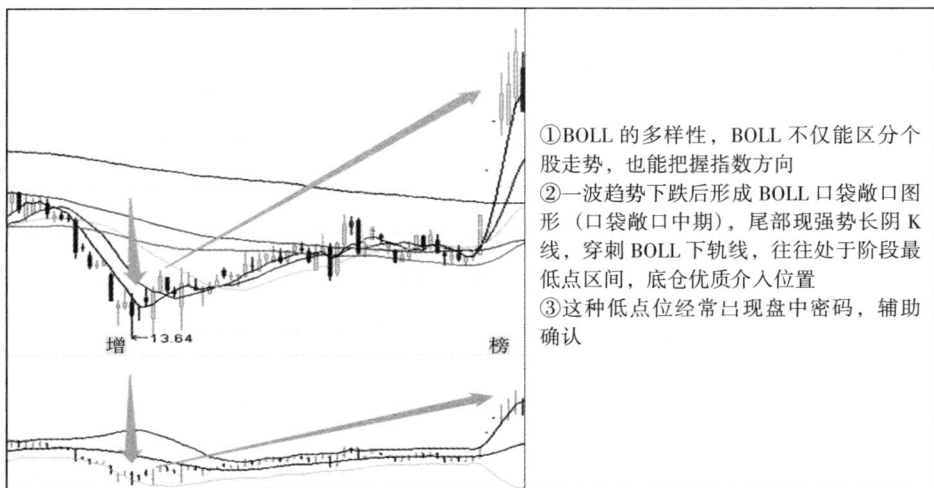

①BOLL 的多样性，BOLL 不仅能区分个股走势，也能把握指数方向

②一波趋势下跌后形成 BOLL 口袋敞口图形（口袋敞口中期），尾部现强势长阴 K 线，穿刺 BOLL 下轨线，往往处于阶段最低点区间，底仓优质介入位置

③这种低点位经常呈现盘中密码，辅助确认

图 9-17　阴线敞口买法

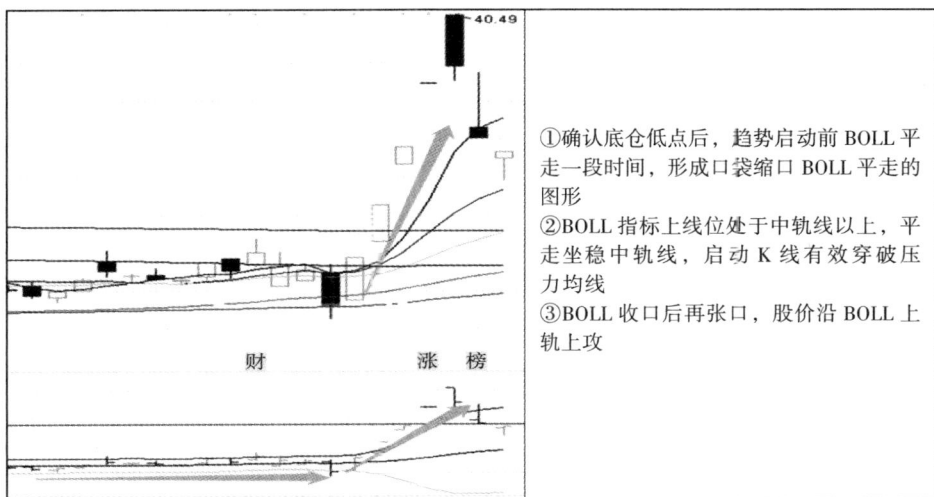

①确认底仓低点后，趋势启动前 BOLL 平走一段时间，形成口袋缩口 BOLL 平走的图形

②BOLL 指标上线位处于中轨线以上，平走坐稳中轨线，启动 K 线有效穿破压力均线

③BOLL 收口后再张口，股价沿 BOLL 上轨上攻

图 9-18　阳线缩口买法

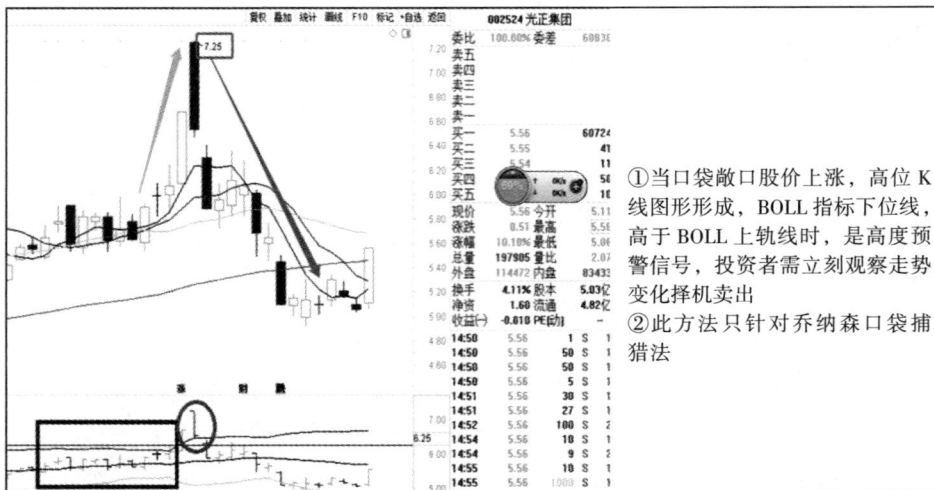

①当口袋敞口股价上涨，高位K线图形成，BOLL指标下位线，高于BOLL上轨线时，是高度预警信号，投资者需立刻观察走势变化择机卖出

②此方法只针对乔纳森口袋捕猎法

图9-19　乔纳森口袋捕猎法卖点

四、实盘中的多种类型

在投资者实盘操作中，无论日线周线或是分时结构都有明确的操作标准，投资者要从实盘积累中多去总结操作经验，用投资的技术方法多去训练达到准确把握机会的目标。

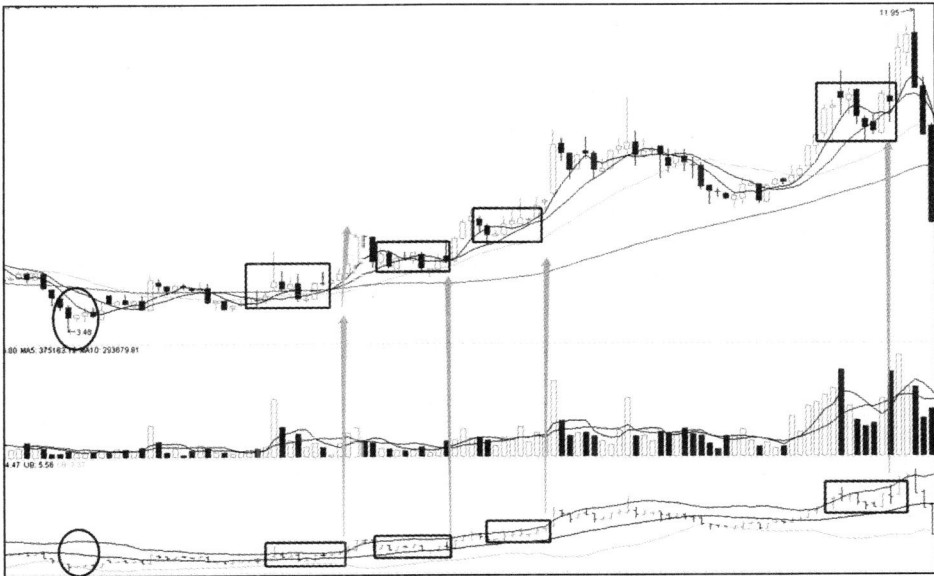

图 9-20 口袋捕猎法—时间与空间